書名：蠢子數纏度（下）
系列：心一堂術數古籍珍本叢刊　星命類　神數系列
作者：舊題〔宋〕邵雍

主編、責任編輯：陳劍聰
心一堂術數珍本古籍叢刊編校小組：陳劍聰　素聞　梁松盛　鄒偉才　虛白盧主

出版：心一堂有限公司
地址／門市：香港九龍尖沙咀東麼地道六十三號好時中心LG 六十一室
電話號碼：+852-6715-0840　+852-3466-1112
網址：publish.sunyata.cc
電郵：sunyatabook@gmail.com
網上書店：http://book.sunyata.cc
網上論壇：http://bbs.sunyata.cc/

版次：二零一四年五月初版
平裝：三冊不分售

定價：港幣　九百八十元正
　　　人民幣　九百八十元正
　　　新台幣　三千九百二十元正

國際書號：ISBN 978-988-8266-74-6

香港及海外發行：香港聯合書刊物流有限公司
地址：香港新界大埔汀麗路三十六號中華商務印刷大廈三樓
電話號碼：+852-2150-2100
傳真號碼：+852-2407-3062
電郵：info@suplogistics.com.hk

台灣發行：秀威資訊科技股份有限公司
地址：台灣台北市內湖區瑞光路七十六巷六十五號一樓
電話號碼：+886-2-2796-3638
傳真號碼：+886-2-2796-1377
網路書店：www.govbooks.com.tw
　　　　　www.bodbooks.com.tw
經銷：易可數位行銷股份有限公司
地址：台灣新北市新店區寶橋路二三五巷六弄三號五樓
電話號碼：+886-2-8911-0825
傳真號碼：+886-2-8911-0801
email：book-info@ecorebooks.com
易可部落格：http://ecorebooks.pixnet.net/blog

中國大陸發行・零售：心一堂書店
深圳地址：中國深圳羅湖立新路六號東門博雅負一層零零八號
電話號碼：+86-755-8222-4934
北京地址：中國北京東城區雍和宮大街四十號
心一店淘寶網：http://sunyatacc.taobao.com

冑土雉卷拾九

氐 三度 氐星分宮纏胃土 天命屬鼠母屬虎

過子 三度過子斷的真 西堂曾有白頭人

十三 暮景仲秋月正圓 象星拱之紫微纏

過申 生辰八月十五日 士人玩月賴書眠

一度 運交甲子福重重 凡事謀為遂心情

過子 十年無阻添吉慶 求利求名百事成

九度 人倫配合夫妻成 氐星交胃有合情

過辰 丗宜火命婚姻配 又是土命分五行

十一 胃土纏雉紫炁星 度行十一過申宮

過申 若知昆仲有几位 兄弟七人你正身

五度　胃土雉纏紫炁星　又命宮中見形冲
過辰　毋命屬馬又高壽　龍又先去赴幽冥
九度　炁星纏胃喜氣生　度行辰宮九度清
過辰　細推五行双親相　又土毋火喜重乙
九度　卯時生人貴尖奇　腰懸玉帶佩金魚
過申　皇恩封御酒君恩重　福壽就如山海齊
七度　壬日丁未青雉吉　蟾宮折桂在少年
過辰　時來風光人爭羨　富貴榮花雉先光
五度　過子己時細推詳　文纏胃星五度中
過子　毋命屬猪先去世　龍又有壽樂芳名

孛四度　分宮過度論星辰　父母宮中仔細尋

過丑　胃孛交纏四度丑　母命屬虎又屬牛

十四　時逢白露是仲秋　雁聲嚦嚦過南樓

過酉　生辰八月二十日　靈胎落地一轉投

二度　運行乙丑生清閑　一門財帛得安然

過丑　百朵紅花開雨后　一輪明月出雲端

十度　胃土雉纏月孛星　妻宜火命配相生

過巳　月孛註定妻屬相　金火相生得安寧

十二　棠棣枝枝茂盛青　雁過南樓八只鳴

過酉　次序之中先天定　梅綻梢頭第五名

六度　孛星纏胃過巳宮　又命屬忱命先終
過巳　母親屬馬且有壽　寒窗獨自守孤灯
十一　行年小運不為吉　粧台頓息泪洒洒
過申　正九五月心煩悶　氣惱傷心常帶疾
十度　先天註定寅時生　官位極品福祿榮
過酉　腰金紫衣重重貴　壽似南山不老松
八度　壬日丙午時吉祥　金榜題名姓字香
過巳　定主榮花多富貴　蟾宮折桂貴玉堂
六度　胃孛交纏到丑宮　雙親位上定門清
過丑　母命屬狗先老去　又相屬龍冷清清

羅五度　羅星過寅五度行　父親宜是屬虎人

過寅　母親原是同庚相　嫂〻有壽百年春

十五　鴻雁仲秋過南樓　金風送暑是仲秋

过戌　生辰八月二十五　父母添喜景悠〻

三度　運行丙寅大吉通　凡事如意称心情

過寅　淺水蛟龍歸大海　平川猛獸入山林

十一　土過午喜相生　蘭房火命是妻宮

過午　月老配就夫奉命　木火相生晚景榮

十三　棠棣逢春景色新　枝〻相續喜翻〻

過戌　兄弟九人分次序　君居五位在中間

七度　羅星七度過午宮　父母屬馬是同庚
過午　自古人生皆有死　父先去世母后終
十五　小運不通凶星來　少精無神不開怀
過酉　三七十一月不利　憂愁煩惱身帶災
十一　丑財生人貴至極　腰懸金帶佩金魚
過戌　戰受皇恩身榮显　福壽可比南山齊
九度　壬日乙巳財榮華　名登金榜中黃甲
過午　堆金積玉真富貴　名揚四海万人誇
七度　昴垣有情過寅宮　羅纏胃宿吉化凶
過寅　母親屬鷄先去世　龍父寿似不老松

記

六度　計星过卯辰為吉　度行六數遇土雄
過卯　父母庚相先天定　父兎母虎福壽足
十六　中秋將盡重陽天　菊花初綻色更鮮
过亥　八月十三生辰日　灵胎出世降人间
四度　運交丁卯主吉祥　求名求利事々強
过卯　逢凶化吉成災難　一天雲散月重光
十二　十二过未定命宮　夫是水命妻命庚
过未　如此配合姻緣事　琴瑟相合鸞鳳鳴
十四　計都星君不為良　十四过亥星吉祥
过亥　兄弟六人君居六　有兄無弟氣象昌

八度　五星纏度論命宮
过未　父命屬羊先去世
十六　流年小運俱不高
过戌　二六十月不順利
十二　子时生人貴非常
过亥　紅鸞天喜照臨命
十度　壬水日干起春雷
过未　功名吉遂登科第
八度　計臨卯位反為凶
过卯　母命屬猴先归土

八度过未犯刑冲
慈母屬馬守孤灯
粧台懶对受煎熬
生氣疾病又惹惱
腰懸玉帶綬金章
戝受皇恩福祿全
甲辰时逢主文魁
駟馬高車蓋世威
纏位八度度數驚
龍文有壽似皓公

金

七度 金星交纏度數分 过辰七度喜相陪

过辰 父命屬龍母是鼠 雙雙有寿樂天真

六度 妻才子祿皆前定 子立早晚不非輕

过子 蘭房年交三十七 堂前喜生一章玩

五度 （宜后）旱苗枯槁逢雨旺 枯木当春枝更新 下

过辰 （宜前）運行戊辰遇貴人 问名求利自然欣 上

十三 月老註定姻緣薄 赤黾繫足無别故

过申 配合姻緣在人间 妻大夫大賢相助

一度 二刻洞房主再姻 鸞鳳分散交頸恩

过子 继娶屬鼠成姻配 暮景蘭桂滿堂春

九度　金胃二宿定陰陽　父亲属猴梦黄梁
过申　母亲属馬增寿香　撫養蘭桂更芬芳
三度　情風陣々四壁生　黄杏结實賽金鈴
过子　闰五月生初三日　桃李青々映日红
五度　外央相配結成亲　情通魚水意更深
过子　夫小一出皆白髮　夫前妻後敬如賓
十一　壬日癸卯时最高　文星闔志是英豪
过申　奮志要板三秋桂　乘龍直上九重霄
九度　金星九度过辰宫　母命属羊寿先終
过辰　父龍有寿高堂享　撫養蘭桂松柏青

木

八度 木星过巳八度分 父君定是属吊人

过巳 分定刻數母属吊 暮景同榮百歲春

七度 妻宮行年三十八 此年生子定不差

过丑 一門榮事從天降 晚景清閑福更加

六度 運行巳巳主榮華 添財進喜漸漸加

过巳 蛟龍海底頭生角 猛虎山林換爪牙

十五 運行卯位喜氣通 熊羆兆應子降生

过戌 蘭桂呈祥漸漸旺 暮景福祿更加豐

二度 二刻生人死央分 必主尅害痛傷心

过丑 蘭房再娶屬馬相 家道禎祥百福臻

十度　木星过酉主不明　嫂亲位上定刑冲
过酉　鸡交必先归泉下　母亲属马守孤灯
四度　董风奕奕五月天　黄鸟弄巧枝头间
过丑　闰五月生初八日　父母堂前添咲颜
六度　一枕死央主不離　鸾鳳交结在羅縞
过丑　夫主一定小二出　衣禄豐盈寿同齐
十二　壬日壬寅时清奇　各登金榜天下知
过酉　腰金衣紫人争羡　四海揚名達帝畿
十度　胃木交躔过巳宫　母命属马寿先终
过巳　分宫过度無差錯　龍交枕边哭濠声

水

九度　水星过午既济生　雙亲位[illegible]上無刑冲
过午　父命属馬母属虎　福如東海寿似松
八度　妻宫行年三十九　此年添子進人口
过寅　一门瑞氣從天降　福寿安康永長久
七度　庚午運臨福漸興　出入和[illegible]順称心情
过午　任意謀為般般好　自南自北自東西
十五　運交酉地丹桂興　天錫麟兒仕當庭
过戌　家门康泰添吉兆　明珠一顆降宅中
三度　花正開时遇風雨　月正明朗被雲迷
过寅　生逢三刻重姻配　再娶属鼠方是妻

十一　此星纏胃細推詳　母親屬馬守孤霜

過戌　又命是狗先亮去　南柯一夢赴黃粱

五度　父母吉吉氣盈門庭　榴花開放朵朵紅

過寅　閏五月生十三日　桂花錦繡于初成

七度　姻緣前定非偶然　配共羅幃交頸眠

過寅　夫主正小整三歲　月老已配是前緣

十三　十一日辛丑時超羣　鸞鳳飛無下瓊林

過戌　手扳丹桂登月殿　身着朱衣拜王尊

十一　此纏胃星度數遲　十一過未午不為大前

過午　母親屬蛇先歸土　龍又安康福壽齊

火

十度　火入未宮十度祥　火土相生兩風光

過未　父親屬羊必然樑　母命是虎在高堂

九度　命宮三理皆前緣　姻緣喜事非偶然

過卯　妻宮年方四十整　生下一子非等閑

八度　運行辛未十年通　出入安泰福自生

過未　財祿豐盈添吉慶　猶如明月照當空

四度　花花柳絮亂飛揚　三剋妻宮主分虎

過卯　重整琴瑟絃再續　定是屬馬先刑傷

十七　運行此年主不吉　粧台懶對泪洒洒

過亥　正五九月心煩悶　氣惱傷心常帶疾

十二　胃火二星定命宮　十二過亥度數行
過亥　又是屬猪先克去　慈母屬馬守孤灯
六度　兔走烏飛仲夏天　春歸日落在西山
過卯　寅五月生十八日　火箭輪懸掛在簷前
十四　壬日庚子時超羣　鸞鳳飛舞下瑤林
過亥　手扳丹桂登月殿　身穿朱衣世人欽
八度　月老註定姻緣簿　今生配合成夫婦
過卯　夫主一定小四歲　一枕夗央兩相顧
十二　火星纏胃數到遲　父母同庚頭先知
過未　母命屬龍先去世　又在高堂福壽齊

土十一

人秉天地論五行　星辰過度推明清

過申　先天註定双親相　父虎下母猴上庚不同

十度　庭前丹桂枝不刈　開花結子莫怨遲

過辰　妻宮四十丢一歲　蘭房喜生一子鳳奇

五度　孟秋佳景堪胃矣　金風吹動百花飄

過子　生辰七月初五日　父母生身産异苗

九度　運行壬申財祿豐　百發百中稱心情

過申　浪裡風平船漸穩　雲收雨散显光明

三度　土星三度過子宮　土能克水仔細評

過子　一生造化由天定　兄弟四人係四名

五度過辰　同林鳥被狂風散　比目魚遭逆浪分
四刻生人絃再娶　註定鼠相百年春

七度過辰　時當盛暑季夏天　月建斗柄在離邊
柳陰深處蟬聲噪　閏五月生二十三

一度過子　八字夫的在明宮　福祿榮華壽如松
身著紫衣腰金帶玉　安佔極品受皇封

九度過辰　交頸夗央戲碧波　一生衣祿足豐多
夫主但小五歲整　姻緣匹配結絲羅

十三過申　十三過申少刑沖　此命屬兔壽先終
龍又堂前歡娛少　思妻流淚望青松

龍十二　龍行過酉度數分　又命屬鴉母（下）虎（上）親

過酉　星辰已終先天定　椿萱並茂福壽均

十一　命中註定非偶然　龍行十一過巳边

過巳　妻宮四十零二歲　喜生一子立庭前

六度　龍星過丑細推裁　孟秋天氣喜聲開

過丑　生辰七月初十日　灵胎降生落庭來

十度　運行癸酉福重了　出入和平任君行

過酉　名成利就稱遂意　一家清吉有安寧

四度　棠棣花盛喜芬芬　兄弟五人一排行

過丑　雁行次序君居四　中有石皮推你張

六度 燕語紛〻来趣情 生逢四刻再尋盟
过巳 繼娶属馬成婚配 夫婦和美寿永終
八度 閏五月生中夏分 二十八日是亢辰
过巳 父母已育生你体 一年榮華晚年臻
二度 八字正逢戌时生 皇恩紅鸞入命宫
过丑 腰御衣紫官極品 主定榮華福又增
十度 死央交結配鳳鸞 玉人婚配在堂前
过巳 夫主早知小六出 美满恩情到百年
十四 龍星纏胃十四行 母命属虎父属龍
过酉 萱堂一定先去世 椿庭有寿不老松

紫十三

紫十三	五行定命細推尋	紫微入戌喜欣欣
过戌	椿萱並茂松柏景	父命屬狗母居寅
十二	四十三歲是妻宮	此年生子不非輕
过午	他年定板三秋桂	晚景榮華換門庭
七度	時值秋景正元中下上	金風吹動芙蓉鮮
过寅	生辰七月十五日	人在高樓月滿天
十一	甲戌運臨漸漸高	動無不利百福招
过戌	慶門康泰多吉慶	利獲名遂任逍遙
五度	分宮过度時刻真	土雖交纏五度寅
过寅	紫荊樹下分造化	兄弟六人保四身

七度　五刻生人主有刑　夗央分散再尋盟
过午　再娶屬鼠成姻配　竹影松柏映日红
九度　季夏炎天正薰風　鶯轉喬林听蟬鳴
过午　閏六月生初三日　堂上雙親喜氣生
三度　酉時生人貴非常　命宮遇恩姓名揚
过寅　身着紫衣腰金玉　威權蓋世整朝綱
十一　一对夗央有宿緣　鸞鳳交結兩團圓
过午　夫主一定小七岁　雙雙永遠过百年
十五　紫微入戌度數遲　父母宮中主悲啼
过戌　先尅萱堂屬牛相　椿庭屬龍福壽齊

文

十四
文星过亥喜收藏　父命屬猪寿高強

过亥
母命是庚松柏景　幸遇是雉免刑傷

十三
四十四出是妻宫　生子傳家珍宝聲

过未
丹桂生香在晚景　坐享福寿世人驚

八度
玉簪開花孟秋天　中元已过月将残

过卯
生辰七月二十日　灵胎落地子母安

十二
運行乙亥十年安　財祿豐盈又清闲

过亥
所求如意多快樂　富貴榮華漸漸添

六度
兄弟宫中遇文星　棠棣茂盛喜芳榮

过卯
同氣連枝居一体　兄弟七人你四方

八度　迷群孤雁守孤霜　生逢五刻兩分伥
過未　重整瑶琴絃再續　必要屬馬兩相當
十度　蟋蟀居壁對蟬鳴　薰風傷暑聆禽鳥
過未。閏六月生初八日。命主當朝顯大名　後前
四度、八字申時在命宮、落地子母兩安寧　前
過卯　腰金衣紫身佩玉　官位極品受皇封
十二　前世外央定不差　共枕同衾善持家
過未　夫主一定小八歲　兩意相投福壽加
十六　文星纏身過亥宮　度行十六畏刑沖
過亥　母命屬鼠先赴去　龍虎壽如不老松

武

十三、 乙乚乚乚 乚乚乚乚

过申。 美满恩情结成双 桃李花开自然香

十四、 夫主一定小九出 鸾凤楼引在高台

过申。 世间何事是真福 人生有子方是足

九度、 妻年四十〇丑出 门庭挂红悬弓矢

过辰。 五谷丰登金风捲、 红尘遥望九度霄

五度 生辰七月二十五日。 两洒丹桂母先苗

过子 胃土雉遇武曲星、 过子丑度定年生

七度 椿萱五行合丑数 纳音文金母火炎

过辰 武曲过辰七度行 手足宫中分得清

兄弟八人同一体 雁行次序你四名

一度　一度行之貴寶珍　武曲一初度細推尋
过子　父命屬鼠先赴去　母亲屬馬自沉吟
十一　鴉鵲枝上对蟬鳴　门庭弓矢掛新红
过申　閏六月生十三日　薰風送暑妹又逢
九度　死丧拆散两離分　生逢六刻主重婚
过申　徒斷再娶屬鼠相　暮景豐盈福祿臻
三度　壬水日干起尋常　辛亥时上喜氣揚
过子　高登雲步身榮顯　少是蟾宮拆桂郎
五度　未时生人寿數长　定主福祿位高强
过辰　數之列之人爭羡　衣紫腰金姓名揚

陰

十四　前世月老定婚姻　一枕死央寿有珍

过酉　夫主巳小十出整　结子晚年總趁心

十五　命定妻年四十六　此年生子得見同寿

过酉　虽然見郎生的晚　喜得寒梅方显秀

十度　鸡冠花開于露香　芙蓉未定喜呈祥

过巳　酉上雙親壽璋喜　飞月十三子見郎

六度　五行要訣定的清　太陰纏胃过五宮

过丑　雙親納音配六數　父木母火兩相生

八度　太陰过巳胃宿纏　棠棣茂盛枝葉榮

过巳　手足宫中分造化　兄弟九人你四名

二度　胃宿纏陀二庚强　父命屬牛梦黄果
过丑　母亲屬馬天生寿　福如东海并永霜
十二　季夏炎天似火蒸　窗前喜鹊不停声
过酉　闰六月生十八日　母在堂前喜氣生
十度　生逢六刻花烛重　外史分散再尋盟
过酉　继娶屬馬戌烟配　桃杏花開映日江
四度　壬日庚戌时生强　名標金榜姓名揚
过丑　腰懸玉帶带金印　富貴榮華百年昌
六度　先天註定午时生　命宫玉殿显声名
过巳　腰懸金玉身榮显　暮景还該受褒封

陽

十五　八字命宮是前緣　夫主定小十一年
过戌　此理非是今生定　一枕死央永百年
十六　枯梅晚景花開遲　附霜欺雪结子實
过戌　命定妻宮四十七　喜生一子晚年奇
十一　妹来景物更消條　月望中秋漸〻高
过午　生辰八月初五日　父母堂前受劬劳
七度　胃土雉纏太陽星　度數逢七过寅宮
过寅　父母五行配七數　父水母火晚濟生
九度　太陽过午日小天　手足宮中仔细參
过午　兄弟五人你最小　五星纏度年〻歷言

三度 大陽过寅三度分 毋親屬馬百出春
过寅 父親屬羊先去世 悠悠蕩蕩命归陰
十二 时值艷陽季夏天 寅六月生二十三
过戌 綠柳陰裡蟬声噪 暑去秋来蟋声欢
十一 七刻洞房主重婚 死夫次頸兩離分
过戌 再要屬鼠成姻配 暮景蘭桂滿堂春
五度 壬日巳酉时非常 腰金衣紫伴君王
过寅 叢叢列列人争羨 青史標名姓名揚
七度 八字巳时見君王 富貴榮華受皇恩
过午 腰懸金帶身佩玉 烏紗象簡謝君王

巨

十六 夫婦相是前緣（配） 星宿过度不虛傳
过亥 外央匹配成佳偶 夫主必小十二年
十乂 命宮註定理無差 妻年生子四十八
过亥 相必積德陰功好 天賜英光到君家
十二 金烏玉兎走東西 芭蕉樹下寒蟲啼
过未 生辰八月初旬 父母欢喜生子足
八度 星宿交纏古今同 巨门纏胃度數行
过寅 五行前生先造定 父母居是失命生
十度 棠棣枝枝有神光 手足宮中定吉祥
过未 兄弟六人分次序 居身已定居五行

四度　巳入雷门主分张　交缠胃宿定刑伤
过卯　父命属兔先赴去　慈母属马受凄凉
十四　命宫许定更無差　闰六月生二十八
过亥　季夏已过孟秋至　一世清闲晚更荣
十二　生逢七刻重婚配　芙蓉锦帐不成对
过亥　命造再娶属马相　家道吉祥有百瑞
六度　壬日戊申时贵言　命主折桂喜板蟾
过卯　衣紫腰金身荣显　更有兰芽继暮间
八度　见天许定辰时生　命宫大显有官星
过未　腰金衣紫身荣贵　晚年必勤須受褒封

五度 命宮註定近貴人 出入差徭勞苦心

过子 往來交歡多朋友 晚年豐足主大運

六度 流年木火主迍邅 孔孟詩書奮志茂

过丑 受尽十年窮下苦 此年遂意滿郡誇

七度 此刻生人最為奇 聰明知慧少人知

过寅 嬌燒公门真堪羨 男人还作男人妻

十四 十四过酉論命宮 夫是土命妻火宮

过酉 好比配合姻緣事 琴瑟相合鸞鳳鳴

一度 大運交如喜迎门 丹桂呈祥產麒麟

过戌 熊羆兆夢生一子 方是陰陽算的真

昂日雞卷之

蠢子纏度

炁

十八 八字全憑時上真 愚人無義親不親
過亥 幾年成敗天地佑 晚景崢嶸福壽均
十四 生辰八字四刻清 講論風水世人驚
過未 草蛇灰線脉穴定 能觀去水與來龍
十五 五湖四海水週流 日夜滔〻水不斷頭
過亥 閏六月生二十九 暑去寒来盼孟秋
九度 炁纏日鷄卯上游 椿萱納音細推求
过卯 五行配合共九數 父火母土命源流
十一 昴炁交纏过未宮 棠棣茂盛枝葉榮
过未 手足九人分次序 算君必是居八名

昴

五度　炁入雷門主分張　交纏昴宿有刑傷
过卯　父命屬兎先去世　高堂有寿母屬羊
十三　生逢七刻定的真　蘭房兩度有重新
过亥　再娶屬羊為佳配　夫婦情和寿百春
七度　癸日庚申時貴清　命主折桂喜榮登
过卯　腰金衣紫身榮显　更有蘭桂晚年亨
七度　八字行来值土星　官詞口舌来相争
过丑　出入隄防小人害　家宅怪夢休遠行
五度　流年小運主熬煎　星宿不利身不安
过申　四八十二月不利　粧台懶对右懒〻

孛

八度 水星照命貴神安 上人見喜得安然
过寅 逢凶化吉皆不利 不須憂愁苦掛牽
四度 孛星交纏昴日鴞 双亲庚相我先知
过子 父命属鼠高堂樂 母命是兔定無移
十五 五刻生人定的清 交接貴門貴賓朋
过申 阴阳掌中談造化 深知地脉此来龍
二度 運行丙子喜重〻 家门康泰漸〻荣
过子 福禄綦〻般〻遂 出入利益事亨通
十度 昴日鴞纏孛星辰 父母恩愛重天倫
过辰 五月納音配十数 双亲俱是土命人

六度过子
十二过申
八度过辰
六度过酉
六度过辰

月孛纏昴过子宫
父命屬蛇母猪相
孛星过申㠯羅纏
鴻雁一双分次序
癸日己未时貴言
时来超羣人争羡
流年小運俱不高
二六十月不順利
孛入天門归本方
母命屬羊有高寿

化凶為吉大度行
寿有長短母先終
手足宮中註的清仔細
兄弟九人你九名
你身居二不虛傳
蟾宮折桂喜少年
富貴荣華耀祖先
粧台懶对心意摇
生氣疾病又憔劳
卯日交纏争春光
龍父必先赴黃泉

羅

五度过丑
羅猴过丑五度尋
酉卯交纏喜為恩
双亲庚相先天定
父是屬羊母兎身

十六过酉
六刻生人二宅精
講論風水世人驚
分陰分陽山河定
地理来龍認的清

三度过丑
運行丁丑主豐盈
出入利益貴人逢
福祿吉祥榮千里
问利求名百事成

十一过巳
月老前世配姻緣
妻宜土命内助賢
五行納音合六數
夫主金命到百年

九度过卯
金德星君占流年
添進人口喜事連
君子逢之多吉慶
大忌陰人不得安

七度　羅猴纏卯巳上詳　蛇父安樂享春光
过丑　母巧無寿先去世　庚相屬狗梦黃梁
十三　卯羅交纏酉宮中　手足行中定的清
过酉　庭前紫荊枝茂盛　兄弟三人你居中
九度　癸日戊午時非常　金榜題名姓字香
过巳　命主榮華多富貴　蟾宮折桂步玉堂
七度　分宮过度非等閑　男胎不穷文育安
过戌　此星若还不斬送　連生九女火兒男
七度　卯宮交纏双女宮　父命屬蛇寿先終
过巳　孀母屬羊晚景好　福如東海寿如松

計

六度　計都星居不為良　过卯逢寅作禎祥
过寅　双亲堂上同有寿　父是属虎母兔方
十七　命該二宅訣少年習　七刻分定已先知
过戌　九宮八卦分定位　識透神煞洩天机
四度　運行戊寅福祿增　十年以内大兴隆
过寅　般般所為皆如意　家門喜氣更亨通
十二　姻緣前定非偶然　妻宮土命助夫賢
过午　男子相配木命寿　命宮七數福祿全
十四　先天注定不差移　棠棣萘萘更出广奇
过戌　兄弟四人係居二　氣象高强各不齊

八度　福增禄厚八度行　蛇父有寿樂高庭
过寅　堂上双亲先去母　庚相原是鸡年生
十度　癸日丁己時荣華　名登金榜中黄家
过午　積金堆玉年〻有　四海揚名万人誇
二度　亥卅生人显將星　命合威權統大兵
过子　腰金衣紫堂〻貴　声名通達鎮边廷
十度　流年星辰遇太陽　出入和順得安康
过辰　男子逢之大吉利　經营求財甚荣昌
八度　計都纏夘过午宫　父是属馬母羊庚
过午　自古人生皆有死　父先母后梦归空

金

七度ノ金星纏卯金对金
过卯 椿萱並茂宜福禄
十八 星長过度定命时
过亥 来龍去路定山水
五度 運行已兜（卯）主豐盈
过卯 （后行）死央並翅戲蓮
十三 （前有）搖有危难不成禍
过未 夫主水命合八数
十五 雁塔題名过亥宫
过亥 兄弟五人身居二

七度过卯定双亲
双〻俱是屬兎人
生逢八刻已先知
識的三元造化机
家道康泰福禄增
妻宜土命 福禄全
問利求名任君行
月老前定非偶然
双〻合时少一 名
必有石皮在其中

九度 金星过卯九度行 母命属猴定先終

过卯 父命属蛇春先美 宜福宜寿不老松

十一 癸日丙辰時上逢 風雲步紫喜乘龍

过未 三秋奪的魁名選 金花紫衣受黄封

三度 戊时生人主風流 恩榮戢受万戶侯

过丑 威風凛凛人人羨 坐享天禄榮万秋

十一 火星入命是凶年 男人疾病主災纏

过巳 劝君目下宜守归 女子血光身不安

九度 金星九度过未宫 昴星交纏主鬧争

过未 父命先作泉下客 羊母有寿父同庚

木

八度 昴木交纏过辰宫 人间庚相定的清
过辰 时真刻真無差錯 母是屬兔父屬龍
七度 生逢子时衣祿强 恩人無義骨肉傷
过子 早年衰敗晚年好 上人見喜来運昌
四度 堂前貴子吐馨香 蟠桃熟时更芬芳
过子 閏五月生初四日 母子分娩見祥光
六度 運行庚辰事〻亨 家門康太自安興
过辰 福祿名利皆得意 災消禍散財自豐
十四 月老配合鸞鳳成 妻宜土命兩和鳴
过申 夫主火命相生好 配合九數分五行

十度　木过辰宫分五行　木纏昴宿推的明
过辰　母命属羊先去世　蛇父孤衾卧房空
二度　生逢二刻重配姻　芙蓉錦帳新又新
过子　尅妻再娶属牛相　家道吉祥百福臻
十二　癸日干頭起春雷　乙卯时逢主天魁
过申　功名志遂青雲路　駿馬高車盖世威
四度　酉时生人命宫强　必有腰金衣紫光
过寅　威權壓衆声名震　掌握元戎万户郎
十度　木星纏昴推阴阳　猴父之命必先亡
过申　孀母属羊安且寿　撫養蘭桂正芬芳

水

九度 分宮过度理最精 双亲位上定分明

过巳 父是屬蛇母屬兔 福如東海寿如松

八度 丑時生人濟無功 骨肉相殘仇恨生

过丑 早年虽然多成敗 運至晚年主大通

五度 端陽佳節已过期 時值閏五初九日

过丑 正是父母降生身 預先報君你且知

七度 運行辛巳事称情 家道吉祥禄漸業

过巳 虎賁深山增力壮 龍归滄海显威風

十五 鸾凰並翅兩和鳴 配合妻宮土命榮

过酉 夫妻納音合十数 男子土命阴阳同

十一 水星纏昴过巳宮 怪風折木度数終

过巳 母命屬馬先剋去 父蛇寿似不老松

三度 生逢二刻花重々 死央分散再尋盟

过丑 緒娶屬羊成烟緣 桃杏花開映日紅

十三 癸日甲寅时上奇 名登金榜天下知

过酉 腰金衣紫人爭羨 山呼舞蹈拜丹墀

五度 八字正逢申時生 命宮合主統大兵

过卯 馬到成功人欽仰 腰金衣紫總元戎

十一 水星纏卯过申宮 过度十一有刑冲

过酉 父命必先归泉下 庚相屬鸡母羊生

火

十度 火星过午归本鄉 十度行來喜氣祥

过午 父命属馬母是兎 双〻有寿在庭堂

九度 寅时生人命宫逢 骨肉無情衣禄安

过寅 恩人無義名不美 早敗晚成福綿〻

六度 青松桂栢長成林 根深葉茂聚成陰

过寅 閏五月生十四日 灵胎落地見元辰

八度 壬午運臨喜盈門 福禄荣華滿堂臻

过午 隨時回季般〻有 用意謀求俱稱心

十六 運轉辰時喜重〻 滿宅祥瑞應羆熊

过戌 蘭房添喜生一子 些月合和事〻成

十二 火星纏卯有刑冲 度行十二度午宮
过午 堂上双亲先去母 蛇父有寿母同庚
四度 三刻生人妻有傷 折散处央两分張
过寅 剋妻再娶屬牛相 竹陰松影映日光
十四 癸日癸丑時辰高 火星爍爛主英豪
过戌 奮志能折蟾中桂 乘龍直上九重霄
六度 未時生人格局高 命宮坐定掌英豪
过辰 戰受皇家威權重 腰金衣紫鎮边鑠
十二 火星纏卯入白羊 慈母屬羊受孤孀
过戌 父命屬狗先剋去 大梦悠ゝ做一場

土

十一 星宿分宮定無間 土星过未帛卯纏

过未 双亲庚相星排定 父是屬羊母兔年

十度 命宮生逢卯時間 多成多敗好几番

过卯 恩非無義亲难靠 晚景争荣寿可延

七度 蟠桃将熟子初成 蝉声高噪祥春風

过卯 閏五月生十九日 桑樹枝頭黃鸝鳴

九度 運交癸未旺家門 福禄喜慶事稱心

过来 用功磨石方成玉 有意淘沙必見金

十七 大運交戊木逢春 喜氣盈門丹桂馨

过亥 簷前鵲噪張声美 望子求名俱稱心

十三　土星入未定刑沖　度行十三不如榮
过未　母命屬龍先剋去　蛇父高堂鼓盆声
五度　生逢三刻再續絃　鼓盆歐歌衾枕寒
过卯　蘭房再娶是羊相　夫婦相合到百年
十五　癸日壬子時起群　鸞鳳飛舞下瑤宮
过亥　手板丹桂登日殿　身衣朱紫拜皇封
七度　八字逢着午時生　命享皇祿土万鍾
过巳　將星显露声名美　威鎮边庭大總戎
十三　土星交纏卯日鴉　十三过亥度數是
过亥　父命屬猪先去世　孀母屬羊淚洒、

龍

十二过申　龍星过申喜為恩　度行十二細推尋
父命屬猴身安樂　母命屬兔寿為均

十一过辰　恩人無義命中該　骨肉乖張不聚財
早年成敗晚年好　只因辰時离母胎

七度过子　三刻生人格局清　深知岐黃有餘能
寒熱溫涼能分辨　浮沉遲數脉理通

八度过辰　蟠桃枝上桂花香　雨過園林景色涼
閏五月生二十四　羨君必定福祿長

十度过申　大運交轉到甲申　出入交友遇貴人
一門喜氣添人口　事事和合得稱心

六度　失群孤雁声不絶　独自尋盟子規血
過辰　尅妻再娶属牛相　月老註定無差別
四度　分宮過度看命星　恩荣仇难定一生
過子　龍德過子恩星至　兄弟七人你六名
十四　龍纏卯宿畏申宫　度行十四戰闘声
過申　慈母属兔先尅去　父命属蛇寿昌荣
八度　巳時生人主威光　命該千里鎮边疆
過午　祖宗積德陰功厚　腰金衣紫耀門墻
十六　行年值此水星纏　大忌渡河有災連
過戌　男子逢云災殃至　女子必定血光纏

紫

十三　紫微星君下為良　分宮入酉定陰陽
过酉　父命属雞母是兔　福祿蓁蓁寿延長
十二　生逢巳时难靠人　有亲说来巧無亲
过巳　骨肉情疎恩義少　早败晚成福祿臻
八度　四刺生人医精通　半積陰功半養生
过丑　善知温凉通藥性　起死回生済世功
九度　榴花開放色濃濃　月季花生似金鈴
过巳　閏五月生二十九　劬劳罔極天地同
十一　運行己酉福自生　家門康太事事亨
过酉　出入谋为無不利　枝葉青青月正明

七度过己
姻緣造定非偶然　生逢四剋妻不全
早娶剋过晚娶好　再娶屬羊方得安

五度过丑
棠棣花發更鮮明　皆因紫微过丑宮
手足宮中分次序　兄弟八人你六名

十五过酉
紫微纏卯必有傷　十五过酉反為殃
母命屬虎先剋去　父命屬蛇寿延長

九度过未
命定辰時為將星　勅授官職統雄兵
腰金衣紫身榮显　威風焉到必成功

十七过亥
流年时值天差星　逢凶化吉得安寧
那怕般般凶惡事　漸漸消滅見亨通

文

十四　双亲庚相細推詳　文曲入戌有神光
过戌　父命屬狗母屬兔　父母並茂在高堂
十三　午时生人氣量寬　恩人無義不在言
过午　早年成敗晚年好　骨肉無靠受熬煎
九度　五刻生人脉理清　内外二科件件通
过寅　温凉加減用的當　功滿杏林有奇能
十度　葵花纔放季夏天　清家玉露福寿延
过午　閏六月生初四日　一世荣華在晚年
十二　丙戌運至木逢春　出入利益皆遂心
过戌　家業漸旺與人口　喜氣盈門福禄臻

八度 五刻生人定刑冲 剋妻再娶屬牛庚
过午 燕語鶯声知我意 夫婦和美百年榮
六度 文昌过寅喜荣昌 手足宮中細推詳
过寅、 紫荊樹下分造化 兄弟九人你六行
十六 文曲纏卯过戌宮 度行十六必依凶
过戌 母命屬牛先去世 父相屬蛇不老松
十度 卯时生人武星強 威風凜凜姓名揚
过申 腰金衣紫食天祿 戰在捴戎鎮边疆
八度 分宮过度刻數行 包胎相冲命中逢
过亥 此煞若还不斬送 只主小產不大生

武

十五　武曲过亥纏卯星　配合姻緣分五行
过亥　父命屬猪母是兔　双双有寿似青松
十四　人生未时最出奇　骨肉無情自踌躇
过未　恩人無義反为怨　早敗晚成福禄齊
十度　度行分度六刑生　草蛇芦扁有奇能
过卯　温凉寒熱知藥性　况細洪大脉理通
十一　鶯轉奮林听蝉声　丹桂庭前子規鳴
过未　生辰初九閏六月　父母堂前咲容生
十三　運行丁亥福氣生　出入和順財禄豐
过亥　事無不遂家業盛　犹如雲散月光明

九度　逆群允史驚荒　生逢五剌丙分張
过未　重姻再娶属羊相　方保安然有吉祥
七度　棠棣枝葉有神光　只因武曲入卯鄉
过卯　星宿过度仇無難　只第七人你七行
十七　武曲纏卯过亥宮　度推鼠母存先終
过亥　父亲属蛇春光好　晚年安樂寿如松
十一　生逢寅时貴又尊　威風凜凜壓萬人
过酉　腰金衣紫千鍾祿　護国馳名大将軍
十二　行年與計武曲星　六畜不利破財凶
过午　男命逢之出外好　大忌陰人有災星

陰

十二 丑时生人最英雄 統領貔貅百万兵

过戌 福禄万鍾極高貴 世食天禄荣祖宗

十五 申时生人最為奇 骨肉無靠情不斉

过申 恩人后来皆無報 早年敗落晚年吉

十一 七刻生人脉理通 内外二科件、精

过辰 加減方脉真奇妙 濟世好人累陰功

十二 日輪懸掛正炎天 浮瓜沉李在目前

过申 閏六月生初四日 盼望金風透秋蟬

六度 昴日鴒纏太陰星 度行六数过子宫

过子 双亲納音相生美 父金母土兩安寧

二度　大陰交躔宝瓶宮　父命屬鼠壽先終
过子　母亲屬羊晚落葉　寿如南山不老松
八度　兄弟宮中定久明　太陰入辰有恩榮
过辰　同氣連枝居一体　雁行八人你七名
十度　六刻生人主重婚(索)　分散妃央交湏恩
过申　再娶屬牛配成对　庭前蘭桂福祿榮
四度　癸日特逢癸亥生　桂枝高折喜乘龍
过子　登雲步日身帶星　宮花紫(衣語)拜九重
十三　流年值此太陰星　男人逢之定太平
过未　求名求利(遂)事好　女人產难有災星

陽

十三 子時生人沐圣恩 威凤凛々万人欽
过亥 官居一品朝中貴 世享荣華腰掛金
十六 酉时生人更多情 恩人無義骨肉空
过酉 早年雖是見成敗 運至晚年显光明
十二 生逢八刻醫中仙 良方妙诀主流传
过巳 專能濟世活人命 起死回生不愛錢
十三 暑氣炎炎季夏天 火輪懸掛在眼前
过酉 蟬声不住枝頭躁 閏六十九降人間
七度 卯日雞躔太陽星 分宫过丑九度行
过丑 二亲納音配七数 父木母土喜為榮

三度 太陽躔夘度数〻 父是屬牛羊母亲
过丑 桂虔先去母有寿 春因宇宙色色新
九度 棠棣茂盛雨露均 太陽过己喜为恩
过己 兄弟宫中〻次序 雁行九佰你七身
十一 六刻生人主再婚 此日魚遭猛浪〻
过酉 尅妻再娶是羊相 夫婦相守百年春
五度 癸日壬午是貴鄉 命乘清簡世流芳
过丑 名播四海登科第 富貴榮華輩〻昌
十四 木德星君占流年 姻緣和美喜安然
过申 男子逢之多順利 女人遇此血光纏

巨

六度 ○流年羅猴入命宮 主人作事有憂驚
过子 男逢官訶疾病至 女命血光產难生
十七 生逢戌時衣祿傷 早年成敗晚年強
过戌 恩人無義反為怨 骨肉無情空自忙
十三 三刻生人二宅精 卦分陰陽吉合凶
过午 精通山面並朝水 善覌地脉與來龍
十四 月下玉簪滿堂香 月近青松映画堂
过戌 閏六月生二十四 聰郤母胎子見娘
八度 巨門躔卯兩忙忙 过寅八度化吉祥
过寅 双親五行合八數 父水母土壽延長

四度　卯羅交躔最高强　萱堂屬羊守孤孀
过寅　父命屬彪先尅去　悠〻蕩〻赴久陽
十度　雁行分飛过長江　偶飛成群排一行
过午　次序久中先天定　兄弟八人你八郎
十二　同林鳥被風吹散　雨打梨花兩下分
过戌　七刻生人再婚配　继娶屬牛又一新
六度　癸日辛酉事非常　腰金衣紫伴君王
过寅　榮華富貴人爭羨　書史標名姓字香香
十五　青龍入命喜氣生　流年逢之大亨通
过酉　逢凶化吉皆順利　諸般道意百事成

三度过子　前生造宅手藝精　出入衣祿有餘增
目下登高成室家　匠士場中逞奇能

三度过丑　運至水火喜氣連　泮水滔滔名可伶
窓前养就麟甲志　独步泮池滿即行

四度过寅　命中注定手藝奇　先人留下後人習
刀杖隨身先造宅　冷熱皂前造烹食
數內推求格局清　貴人見喜衣祿豐
擒拏把握顯威風　四海人欽有芳名

十二过亥　此刻命犯驛馬星　終朝奔波不得停
常在公廳候打卯　也且皇門小盡忠

畢

烝

一度　新春花柳景色鮮初少年限方十三
过子　人间喜事從天降少年早得見兒男
九度　五星纏度分五行月逐纏烝九度中
过辰　双親庚相先天定父母属龍是同庚
五度　一輪明月出雲端青松桂柏傍青山
过子　生辰寅五端五日脫離母胎在人间
十度　運行壬辰事了通春至花開漸漸紅
过辰　家度和順人興旺福氣逢新喜自生
三度　二刻生人再續弦狂風吹散並頭蓮
过子　註定再娶是郎相白頭到老永百年

畢

十一 畢纏烝星度數強 入申宮内仔細詳

过申 猴父南村思故眷 同庚霜母壽延長

十三 命中格局更加常 氣吐红霓姓名揚

过申 年方二十先游泮 光宗耀祖大吉昌

二度 姻緣簿上主榮昌 妻宮方大一年強

过子 夫婦年甲正相等 鸞交鳳交配成双

五度 烝纏畢宿五度真 先剋屬羊老萱堂

过辰 父命屬馬家道美 晚景安然百福強

九度 運行壬申疾病纏 災禍凶厄不堪言

过申 凡事不利多見阻 閑事破財受熬煎

孛

二度
过丑
十度
过巳
六度
过丑
九度
过巳
四度
过丑

妻早花開子初成，君年尚且在孩童。
喜見十四貴生子，祖父堂前長笑容。
孛入双女空系明，星排子度空年庚。
棣萼並茂皆足壽，父是屬蛇母為龍。
時当仲夏暑足逢，百草芳菲花正紅。
閏五月生初十日，晚景財源更豐盈。
大運交至癸巳中，十年和順家業興。
滿门福氣添吉兆，猶如明月照当空。
淚眼重重乾又濕，逢生二刻主刑妻。
斷絃再娶屬猴相，註定夫婦永齊眉。

十二过酉

畢宿交纏酉宮游
十二过度化為仇
父命鷄相先剋去
猴母福寿海水流

十四过酉

先天註定豈今生
二十一歲入泮宮
九萬鵬程終須到
龍门初步第一登

三度过丑

桃夭会上结成缘
鴛鴦同枕不同年
前世絲羅今生配
妻大兩歲緊相連

六度过巳

宿星过巳六度運
交纏畢宿化為凶
堂上雙親先去母
父母屬馬是同庚

十度过酉

運行癸酉主災殃
破財口舌要隄防
家门不利多驚懼
無端惹惱把心傷

羅

三度 妻到花開子初成 君年尚且左孩童
过寅 喜得十五生貴子 父母堂前長笑容
十一 羅睺星君不為良 过午逢月化吉祥
过午 阴阳相同乾坤大 父命屬馬母認鄉
七度 一重欢喜一重城 月当員時正光明
过寅 閏五月十五生日 庭前丹桂花正濃
八度 大運交午喜重重 歲月合年事事成
过午 家下般般皆如意 十年通福祿泰增
五度 鴻雁迷群各自感 前婦一定兩分離
过寅 重婚再娶是兆相 因生三刻主刑妻

十三 交纏月烏过戌宮 父命属火寿先終
过戌 度数行来猴母寿 恭子蘭桂耀门庭
十五 命宮註定命偶然 氣象超群更脫凡
过戌 二十二上游泮水 改換门庭光祖先
四度 妻风吹动百花香 一枝处央配成双
过寅 妻宮一定大三歲 暮景福祿好风光
七度 羅星入午忌無憑 交纏畢宿过七宮
过午 母命属蛇先赴去 父是馬相寿如松
十一 運交甲戌甚不调 灾祸臨身命裡招
过戌 多虧命中吉星照 凶處無傷苦處嚣

計

四度　註定皆因早還緣一十六歲正少年
过卯　庭前喜生一貴子瑞氣藹〻画堂前
十二　計都未上落苗與不為仇難喜為榮
过未　度行十二陰陽对父是屬羊母是猴
八度　灵胎怀在父母宫閏五月在二十三
过卯　鳴蟬枝在高声噪蚕桑枝上黃鸝鳴
七度　運行乙未木遇壽福自天然喜自臻
过未　十年無阻添瑞氣望喜貪高俱遂心
六度　三刻生人主驚荒芙蓉偏遇苦嚴霜
过卯　前妻一定先刻去後娶屬猴必壽長

畢女

十四　遮日氣光計都星雁塔題名入亥宮

过亥　纏星十四猴母寿猪父一空寿先终

十六　運行流年二十三命宫天乙贵人全

过亥　光然不遂青雲志先入泮宫耀祖先

七度　姻缘相对似处央衣禄亮盈不尋常

过卯　妻大四歲成姻缘前生恩爱两相当

八度　畢星纏计受月華八度过未不為佳

过未　母命属諾作大梦父是属馬先立家

十二　乙亥運至事不通駁雜不遂惹憂驚

过亥　船頭浪静风又起日出雲散霧又蒙

金

五度　浪々明月出雲端　福々祥雲罩廣寒

过辰　早子皆因功德大　壽喜十七生兒男

十三　子宮过度论五行　生剋制化配恩荣

过申　金纏月烏子造化　父屬猴相母是龍

一度　菊花開放正與隆　雁过南樓空中鳴

过子　生辰九月初一日　父母庭前添一丁

九度　苦菜借它半夏天　灵胎满足降人间

过辰　闰五月生二十五　堂上双親添笑颜

六度　丙申大運财禄豐　身边佳趣入门庭

过申　浪裡行船風漸穩　雲收霧散月光明

畢

五度　金星过子喜相生棠棣茂盛枝更青

过子　紫荊双秀生瑞氣兄弟六人你二名

七度　生逢四刻主悲愁一枕夗央不到頭

过辰　室内再娶屬帀相夫歸相守百年秋

三度　金星过子三度臨只喜納財換妻衿

过子　异日天朝受職位威权百里管萬民

四度　夗央交納配成双共枕同衾蘭桂系

过辰　妻比夫君大五歲美满恩情是洞房

九度　金星九度申宮游交纏畢宿反為仇

过申　兔母先作泉下鬼父馬堂前福祿增

木

六度過巳十四　花開初從正逢妻　前生姻緣定的真
　　　　　　　年當十八生一子　滿門瑞氣喜欣欣
　　　　　　　雙生位上定年庚　全憑星宿度數推
過酉二度　　　木纏月烏分造化　父命屬雞母是龍
　　　　　　　金風吹動菊花系　雁過南樓對對忙
過丑十度　　　生辰九月初六日　巳育父母見重陽
　　　　　　　榴花開放朵朵紅　丹桂庭前色正濃
過巳五度　　　閏五月生三十日　父母生你趣心性
　　　　　　　大運丁酉主亨通　財祿安然喜自生
過酉　　　　　家門吉祥多康太　也系煩惱也系驚

畢上

六度 手足宮中定高強雁过長江不成双
过丑 両〻双〻少一個兄弟七人你二行
八度 四刻生人喜又愁狂風吹散処央游
过巳 房内再娶是猴相夫妻相守到白頭
四度 戸内灯窗对圣宾尽志折桂去核蟾
过丑 養成才幹為国柱他年定主掌威权
五度 梧桐茂盛引凤鸞月老下来配姻缘
过巳 妻宮一定大六歲夫婦和合到百年
十度 木星过酉不為強纏畢十五反尽傷
过酉 飛母先作泉下鬼馬父堂前福寿長

水

七度
过午
十五
过戌
三度
过寅
十一
过午
四度
过戌

吉星照處桂花香春寿十九生兒郎
玉堂金馬结菓早门庭福秀自生光
子宮过度宮的清生剋制化配恩荣
父命屬狗晚樂業萱堂寿宮屬龍
季秋雁过重阳景菊花开放葉更春
生辰九月十一日堂前贵子錦綉荣
時逢炎阳夏季天鳴蝉枝上呼声喧
閏六月生初五日薰风送暑喜連連
戊戌運路福氣来所求如意称心怀
家门清吉人丁旺桃李逢春花自开

畢上

此半篇、原本與前篇雷同。前篇乃木星度數。此乃水星度數。不合。故不錄。俟考。

火

八度
过未
十六
过亥
四度
过卯
十二
过未
三度
过亥

一樹好花子結成二十歲上生兒童
门前荣耀爪光好父母堂前長笑容
火入亥宫是天门阴阳相对並乾坤
父命属猪高堂楽母親託相寿延深
雖〻金菊朵〻黄丹桂秋深吐馨香
一门雨露從天降九月十六降画堂
闰六月当季夏天元辰初一不虚传
前生造定今生禄暮景堂前福禄添
己亥運臨旺家门出入利益百福臻
百朵红花開雨後一輪明月照乾坤

畢文

八度　火星入卯八度纏手足行中仔細參
过卯　紫荆樹上分造化兄弟双半你居三
十度　五刻生人死哭分前妻必定喪去妻
过未　前妻再娶多差錯月老另配屬猴婚
七度　月老註定姻緣奇赤繩繫定兩家足
过未　妻宫一定大八歲晚景風光福寿齊
十二　火纏月烏入亥宫母命屬鼠寿先終
过亥　父命是馬妻光好看著蘭桂振家声
六度　宫宿入仇滅却福不得金榜亨天殺
过卯　暫居国学荣身体他日声名達帝都

土

九度 一对少年好处央二十一岁生兒郎
过申 丹桂庭前生瑞氣满门福氣纳禎祥
五度 寒风吹动菊花無霜降松柏更長
过辰 生辰九月二十一父母堂前喜氣揚
五度 一枝丹桂在廣寒蟾蜍栽培待人间
过子 君方十二游泮水果然姮娥爱少年
十三 薰风送暑火阳天花开结子賽仙丹
过申 寅六月生十五日父母堂前長笑颜
七度 土星入命亢又亢身入虛星福不全
过辰 只可纳荣为同舍终身天禄永绵绵

畢十

三度　土星纏畢永朝北　三度过子波浪回
过子　父命属鼠先尅去　母猴樂寿百年归
九度　四雁分飛望南峯　棠棣庭前瑞氣生
过辰　兄弟四人居一体　次序排行你三名
十一　生逢亥刻死央分　頭妻必定命归阴
过申　尅妻再娶是原相　夫歸保守过百春
十九　月老註定配少年　妻宮定大九年強
过申　夫唱婦隨相扶助　举案齊眉效孟光
一度　運行甲子禍重〻　口舌破財不安亨
过子　家门不利主灾害　日月雲迷少光明

龍

十度
过酉
六度
过巳
十四
过酉
十三
过酉
六度
过丑

春到花開景色鮮二十二歲生兒男
可喜少年早立子一生自在樂清閒
金風吹動菊花發滿園花草怕降霜
生辰九月二十六父母堂前喜見光
薰風送暑似火煎百花結成草木鮮
閏六月生二十日一生朵花在晚年
花燭重明不稱情生逢六刻婚兩層
剋妻再娶新氣象後妻屬猴百年榮
胸藏豪氣正少年居家同意在十三
紅鸞入命試考到榮登泮水光祖先

畢十

四度　訣畢交纏不吉祥過丑四度少精光

過丑　父命屬牛先剋去猴母又壽福祿昌

十度　春至花開景色鮮枝枝葉葉喜翩翩

過巳　同氣連枝兄弟五兩兄兩弟你中間

八度　訣星照身度數差命宮巳入巽風刮

過巳　官祿宮中吹恩主宮入國學把監納

十二　陰陽算就理不差妻大十歲共白髮

過酉　前生配定姻緣事松柏耐久老后登

二度　大運交臨到乙丑災殃禍患般般又

過丑　謀算無益財耗散人口不安竟長久

紫

十一　重妻年少喜春边二十三歲生兒男

过戌　一门瑞氣自天降合宮註定早安康

七度　朔風凛凛透天寒黃葉紛飛滿世间

过午　生辰十月初一日堂上双親生笑颜

十五　暑去寒來值秋風蟬鳴咭咭不斷声

过戌　闰六月生二十五母子相逢喜氣濃

十一　枝葉茂盛且神光庭前紫荊列兩行

过午　昆玉之中第次序兄弟六人你三名

十六　生逢七刻未分離明月当空被雲迷

过戌　处央失散重婚配再娶屠邦姻缘奇

畢 仁

五度
紫过寅宮五度游貪財徒纏月烏愁

过寅
父命屬相先剋去母命屬猴添寿筭

七度
命逢十四遇恩榮喜氣洋洋入泮宮

过寅
甘羅十二為宰相你比甘羅長二冬

九度
紫微失限命宮逢身中暗裡又官星

过午
苦然未作皇家棟也沐君恩冠帯榮

十三
姻緣配合不可移妻大十一寿命齊

过戌
夫婦和合同立業恩光福寿自然奇

三度
運臨丙寅主身災是兆禍患一齊來

过寅
大運不通休妄動只宜守分免破財

文

十二 过亥
处央配合主同鳴二十四嵗子立成
先天註定添人口男女宮中福祿洪

八度 过未
萬物凋殘孟冬天朔風陣陣到窗前
生辰十月初六日堂上双親添笑顏

十六 过亥
玉蕊開放主清香蟬声不住送清涼
閏六月生三十日丹桂秋香產畫堂

十二 过未
天边雲雁坐南飛兩兩双双少一隻
兄弟七人你三位荣枯造化有高低

十四 过亥
人生七刻折处央五行四柱見悲傷
剋妻一定必再娶繼配屬猴福祿強

畢三

六度　文曲纏畢过卯宮限行六度又憂驚

过卯　父命属兔先剋去母命属猴寿柏松

八度　雪案螢窗志最堅吴圣史经若鑽研

过卯　奮志意欲青雲上十五入泮满郡傳

十度　田宅坐强家業隆官星恩吹入命宮

过未　荷主君恩身荣寵顶冠束带有声名

十度　昔日月老配姻缘妻宮已大十二年

过亥　豈期死央成佳偶庚相不同两團圆

四度　運行丁卯命最低闲氣闲愁闲是非

过卯　灾殃禍患財不聚多主凶危少主吉

武

五度
过子
九度
过申
十四
过子
十三
过申
九度
过辰

武曲躔畢度數多 过子五度樂欣欣
堂上双親同日壽 父命屬鼠母龍身
萬物凋殘孟冬天 朔風陣陣透窗寒
生辰十月十一日 父母堂前長笑顏
運行戊子百事成 君命值此福祿亨
一门雨露從天降 家门康太瑞氣生
棠棣茂盛枝葉鮮 兄弟八人一排連
度行十三分次序 内有石皮君居三
流年十六入文昌 命宮必主姓名揚
氣吐紅霓棘闈志 青年泮水早生光

七度过辰
武曲缠毕最为强过辰七度阴受阳
父命属龍归泉下母命属猴寿延長
三度过子
分宫过度论命星湾腰窝眷似鬼形
若無此破必夭折暮景衣禄自然亨

十一过申
命宫过度生虚星方喜身宫田宅清
此命富極主生貴不念诗书冠带荣

一度过子
武曲缠毕宝瓶宫一度过子傳阳星
母命属猪先去世父命是馬寿和松

五度过辰
運行戊辰灾禍臨几番不為少精神
必主破财口舌至凡事欠顺惹争论

陰

六度
过丑
十度
过酉
十三
过丑
十四
过酉
十度
过巳

太阴过丑宫分明六度纏乌喜氣生
堂上双親均有寿父命屬牛母是蛇
月到冬天景渐移雲霧濛濛雨又稀
生辰十月十五日露冷风寒百鳥棲
逢至巳丑主興隆凡事謀為趁心情
家门康太添吉慶丹桂庭前枝葉榮
子宫过度宫宫高強手足宫中有兩双
次序之中你最小有兄無弟你四行
命中官祿生的強流年十七入文昌
羨君此年游泮水光宗耀祖換门墻

八度

过巳

十二

过酉

四度

过丑

二度

过丑

六度

过巳

畢16

畢纏太阴楚地鄉
母是属猴在坤方
父親属蛇光阴短
辞世先归泉下亡
財帛田宅遇恩星
身宮又坐天乙行
身受賊位声名美
不是三文五論成
五星纏度世间稀
八字刑剋主憂戚
皆因命中前世定
一步高来一步低
太阴入丑月光輝
二度行来仔细推
母是属狗先去世
父是属馬寿命移
大運己巳艰难多
江上行船遇风波
家门不利人口病
口舌破財少合和

陽

七度　太阳过寅正東升月乌交缠合旦情

过寅　风雲聚會高堂樂父命属卯母是猪

十一　朔风凛凛透寒窗孟冬十月景凄凉

过戌　二十一日生下你一门瑞氣纳禎祥

十二　運行庚寅生峥嵘家门安太福禄生

过寅　出入作為皆如意犹如明月照当空

十五　手足宮中遇太阳兄弟五人不成双

过戌　雁行次序你居四一体相同旦高強

十一　月照当空万里明纖雲希蔽逢风生

过戌　喜君十八先得意早入泮宮第一登

畢八

九度
过午
十三
过戌
五度
过寅
三度
过寅
七度
过午

太阳过午九度祥交纏月烏是刑傷
父命屬馬光阴短母命是猴福寿長
太阳十三过戌宫必主荣显贵自生
豈然未曾登科第定是烏紗冠带身
五行四柱犯刑冲一日昏花一日明
皆时因刻前生定晚景安乐衣禄豊
太阳过寅正東升纏畢三度母先終
萱親属鸡光阴短父命属馬老寿星
運行庚午事多差半開半卸雨中花
凶多吉少心不遂谋为颠險疾病加

巨

八度 星辰过度定天倫 椿萱恩情似海深

过卯 父命属兎晚景乐 詑母召寿百年春

十二 朔风凛凛透寒窗 衰草凋残葉更黄

过亥 生辰十月二十六 秋收冬藏召餘粮

十一 運行辛卯立家门 十年之内喜欣欣

过卯 出入谋为皆如意 一輪明月照乾坤

十六 棠棣花開各芬芳 兄弟六人是三双

过亥 一体同胞居四位 福氣滔滔美更良

十二 一九運行大亨通 喜氣洋洋入泮宫

过未 寒窗奮志折丹桂 萬里青雲足下生

畢〻

十度过未　巨门昇垣喜氣祥　畢躔月烏十度傷
父羊必定先辞世　猴母召寿樂高堂

十四过亥　身命二宫坐的强　恩星臨门姓名揚
不登科甲連冠带　福禄綿〻百年昌

六度过卯　畢月烏躔巨门星　五行一定犯刑冲
人间不论痴音啞　拍手呵呵心内明

四度过卯　巨门躔畢少吉祥　过卯四度反災殃
母命属猴先去世　父馬高堂寿年强

八度过未　運行辛未主熬煎　口舌憂悶人不安
更懶破财添凶事　駁雜不遂凡多番

三度
五行造化皆前因命主帶破豈申人

過卯
若是此人命帶破定是殘聾音啞人

十一
流年十一月內凶災缺禍患見几層

過申
若非是福並禍患交到臘月又太平

一度
四柱生來世間稀此命必是庶母出

過辰
皆因祖父積德厚丹桂庭前產異枝

一度
生逢此刻不週全一定手足見傷殘

過亥
造化帶破人方穩卻見福壽得安然

二度
傷殘人物命方活帶破原當數不錯

過辰
一般都是腳合手惟見枝頭果外多

觜

炁九度

过卯

十三

过亥

七度

过卯

四度

过卯

十一

过未

炁星过卯九度遊亥宮交纏當火猴
父兔母蛇安撫定双双足寿百年秋
脫離母胎小吉時五谷豐登萬物朋
乾坤一概皆吉色生長十月二十七
運行癸卯福祿臻家道康太氣象新
水淺蛟龍归大海平川猛虎入山林
巧手丹青甚聰明得意應手筆端雄
山水之物傳至象画中魁首占高名
炁星當宿本凶神雖留百歲不老人
堂上羊父先剋去孀母是鷄重人倫

背丨

觜川

廿七　鸿雁当空遶天飛雨〻双〻數更齊
过亥　兄弟八人你最小共中必見一石皮
五度　炁星纏觜入雷门或凶或吉度數〻
过卯　五星猴母先剋去父相是羊百年妻
十三　三十一歲遇吉星流年又喜天乙逢
过未　揪揭事業記此至跪门先登第一層
十五　蟒衣海馬不離宫玉帶又牽在腰中
过亥　只因亥時君身降出入皇宫内院行
九度　運至癸未禍重〻几場煩惱几場驚
过未　好事难成凶事見許多不祥在共中

孛

二度过子

十度过辰

八度过辰

六度过子

十二过申

人生尽系最难更姻缘全凭月老成

二十五岁生一子東君尽意养人孩

孛星交缠度数行过辰十度宫的傳

南山四皓人难比父是大孩母小孩

运到甲辰百事通岁月合和利源增

家门康太福禄旺吉星高照月高明

花开正逢艳阳天又被狂风折枝残

蘭房二妻真秀美只恐君子少兒男

孛星當宿見刑傷父命是猴必先亡

萱堂晏媳多安静寿老弥高入北郎

觜川

十度 遲行甲申欠亨通破財口舌疾病生
过申 收帆下罩風波起船浪撞入窮口中
四度 二刻生人主續弦狂風吹散並頭蓮
过子 剋妻再娶是兎相鸞鳳和鳴永百年
六度 字星纏觜过辰宮化吉為凶六度行
过辰 父母同是羊庚相壽各長短母先終
十四 命宮註定理不虛羨君抱藏萬卷書
过申 定君三十零二歲紫入皇宮游泮池
三度 昔日月老配姻緣戲水夗央引鳳凰
过子 少長不同成佳偶妻必大夫十三年

羅

三度　花開結子貴寶珍东君積德陰功深
过丑　二十六歲生一子快意欣欣好稱心
十一　螢火猴纏羅睺星度行十一双女宮
过巳　同庚同相同福壽桂薑同是蛇年生
七度　月明星朗滿天光蘭房三妻桂衣香
过丑　命宮注定子息少福祿綦之壽延長
九度　運交巳巳主榮昌財祿豐盈自有光
过巳　门庭喜氣多康泰福星猛照氣軒昂
十三　羅星入猴度數移二宿交纏論凶吉
过酉　堂上双親先去父双親庚相同是鷄

十一　運行乙丑少平安禍患重重口舌添
过酉　凡番破財惹惱事駁雜不遂主災愆
五度　泪眼重重乾又濕生逢二刻主刑妻
过丑　續弦再娶比处央月老註定必是鸡
七度　羅星纏觜不爲祥七度过巳必見傷
过巳　父羊牛母馬爲庚相母先去世父壽長
十五　一枝丹桂在廣寒蟾娥栽就待人扳
过酉　君從磨就純剛斧天衢初步三十三
五度　昔日月老配姻緣戲水处央引凤鸞
过丑　少長不同成佳偶妻長夫君十四年

計

四度 过寅 十二 过午 十度 过午 八度 过寅 十四 过戌

人事相成配姻缘　二十七歲生一男
满园夜雨滋芳草　结秀成实理自然
分宫过度定天伦　父命是馬祿福臻
母命是蛇星排定　宜福宜寿南海均
大運丙午木逢妻　门庭吉慶百福臻
富贵待时应君分　顺利合氣喜欣欣
花正开时煖煖天　又被狂风折枝殘
蘭房四妻俱秀美　只恐君家少兒男
计都躔宿仔细看　猴朝北斗逞威权
父命是狗先归土　孀母是鸡寿百年

背6

十二　運行丙戌主耽憂口舌是非紛紛投
過戌　謀為不遂破財事耐忍添煩惱事休
七度　前生姻緣保双全死央同枕不同年
過寅　妻大丈君十五歲在陰少陽怡自安
六度　死央折散各東西因生三刻主分離
過寅　重姻再娶是兔相月在註定不差移
八度　福厚祿增八度行單父君壽樂高齡
過午　堂上双親先去母庚相原是屬小龍
十六　甘羅十二登科早命坐虛星遂意遲
過戌　君豈素抱長虹志三十四歲步天衢

金

五度　雨露花開景色鮮二十八歲生一男

過卯　一朝得際風雲會門庭改換福祿添

十三　金星過未喜洋〻當火交纏納吉祥

過未　父命是羊母蛇相雙〻足壽在高堂

十一　運行丁未甚發財事〻順利稱心懷

過未　旱苗得雨財〻旺枯木逢春花又開

九度　妻宮生財又占強蘭房五妻嬌梳粧

過卯　命理註定乏子息縱然有後只過房

十五　命星纏胃過天門父命是豬先歸陰

過亥　母命是雞共姜志壽似南山不老人

觜

十三　運行丁亥禍重重口舌痲瘋連連生
過亥　家門多阻不順利凡事顛險且憂驚
七度　三亥生人遇嚴霜兵雷振動雨延央
過卯　蘭房重整弦再續必娶屬雞壽延長
九度　抱婢相姻且情恩金星九度反害身
過未　母命是雞必生志單父且壽福祿臻
十七　胞藏豪氣抱本更命坐虛星逢不通
過亥　待等三十零五歲天衢初步耀門庭
四度　命入卯宮造化全星宿月老定姻緣
過卯　妻宮宜長免刑害須大夫君十六年

木

六度 过辰
十四 过申
二度 过子
十度 过辰
十度 过申

雨後逢春花正秀 兩朵生來壽延長
一枕夗央同結会 二十九歲生兒郎
木星纏猴度數遲 命宮註定不差移
父命是猴母蛇相 二親更相己先知
吹動重陽是金風 暑去寒來臨孟冬
菊花色似金鈴美 定是九月初二生
妻妾宮中重重新 蘭房六妻共枕衾
眼前花開嬌初生 陽衰陰盛少兒孙
木命入申不為強 交纏觜宿少禎祥
母命是兔先归土 椿庭只寿父是羊

觜六

戊十二
过申
六度
过子
八度
过辰
四度
过子
五度
过辰

大運戊申事稱情
家门和順福祿生
凡事謀为皆大吉
便無憂患喜重〻
棠棣花盛枝葉茂
手足宮中仔細詳
兄弟七人你居四
其中必見石皮傷
四刻生人主憂愁
共枕外央不到頭
蘭房再娶是鬼相
福氣偏〻水東流
子時生人格局清
何愁金榜掛姓名
出入龍樓並鳳閣
腰懸金帶內相公
昔日月老配姻緣
妻宮已大十七歲
陰陽不齊赤繩繫
晚景夫婦百年安

水

七度　前世神前燒高香蘭房相配好夗央

過巳　人间喜事三事整子孙傳家百福昌

十五　木是根本水是源双親庚相定生年

過酉　父鸡母鸭毫不差福祿蓁〻壽綿〻

三度　金风吹動菊花鮮画堂清和景色天

過丑　生辰九月初七日雨露生光自安然

十一　妻妾宮中仔細詳星辰過度入巳鄉

過巳　眼前紅粉見七个命定空虛少兒郎

十三　運行巳酉福自來出入亨通稱心懷

過酉　门庭喜事添吉　兆桃李逢春花自開

觜火

七度　試看鴻雁空中舞兄弟八人列兩行
过丑　次第之中君居四必是右皮免刑傷
九度　四刻生人喜又愁共枕同衾不到頭
过巳　再娶是鴛為婚配死央一對水面游
十一　水星过酉度數強交纏觜宿見刑傷
过酉　母命是那必先去父命是羊壽延長
五度　水星五度丑时生早登科第近朝廷
过丑　身穿蟒袍腰懸玉食祿千鍾内相公
十七　月孛往宮甚堪誇命宮星宿宮不差
过巳　若問妻宮何庚相原來大丈整十八

火

八度
过午
十六
过戌
四度
过酉
十二
过午
十四
过戌

人生否太不須凡子息遲早是前緣
三十一歲生一子暮景堂前自侍兩
火星纏當过戌宮十六度數斷的准
星宿躔宮毫不差父命是狗母蛇庚
金風吹動是重陽芙蓉初綻錦綉難
生辰九月十二日菊花開放滿園香
命中注定子息宮財帶休囚暗刑冲
總然結子難存立度外之子送你終
大運庚戌最高強家門康太福祿昌
凡事謀為添喜氣庭前蘭桂正芬芳

八度　棠棣茂盛喜無边兄弟三人一排連
过寅　鴻雁空中分次序君身很後不虚傳
十度　五刻生人主刑沖燕語鶯声不称性
过午　剋妻再娶是兔相鸞凤交结福寿同
十二　火入戌门是刑傷父命是羊寿高強
过戌　过當十三度數定母命是牛夢黄粱
六度　寅时生人不尋常原是穿宫内相郎
过寅　食禄千鍾身榮显出入黄门拜君王
十六　女宫註定二刻生命裡必主剋子宫
过午　细相查来無结果定养他人子送終

土

九度　桃々夭々映日紅，注蕋初開子結成

过未　二十二歲生一子，可喜佳間暮景荣

十七　春風桃李結子頭，綠水滔々永無休

过亥　父命是猪母蛇相，双々具寿到百秋

五度　金風吹動时季秋，鴻雁空中過南樓

过卯　生辰九月十七日，灵胎落地見源流

十三　命宮注定孤星纏，堂々相貌少兒男

过未　老来送終他人子，侄兒半子在灵前

十五　大運交轉辛亥宮，满门福氣喜重々

过亥　數朵紅花開雨後，蘭桂蓁々松柏青

觜十

九度 手足宫中定為強 棠棣六株喜茂芳
过卯 兄弟六人你居五 各吐胸襟氣象昌
十一 生逢五刻死央离 狂風吹散连理枝
过未 重整瑶琴経再續 月老註定必属鳮
十三 與旺長生人亥宫 土星纏觜度数逢
过亥 母命是鼠必先死 父命是羊寿青松
七度 君身降在去兔升 終身榮貴衣禄豐
过卯 六院之中你長管 侍宣論音達内宫
十九 女命生时三刻间 骨肉刑傷子不全
过未 自家狐身將誰靠 皮外兒孙送归山

龍

十度
过申
六度
过辰
二度
过子
十四
过申
四度
过子

兆央一对結成双三十三歲生兒郎
丹桂庭前生喜事梅花松柏自然香
季秋寒露景凋零松柏森森葉正青
生逢九月二十二堂上双親長笑容
運行丙子主生灾日月雲迷不称怀
行拂亂其所為尽也主口舌也破財
子宮位上犯刑冲此命定主尽螟蛉
皮外兒男作眼戲原来不是自身生
孤星交纏當火猴过子四度化為仇
父命是鼠先剋去慈母是鷄壽百秋

箇卜

十度　棠棣茂盛滿院香　鴻雁飛騰任翱翔

过辰　兄弟七人君居五　中間必定破帶傷

十二　六刻生人主再婚　夗央錦帳又添新

过申　再娶屬兔齊眉案　夫唱婦隨福祿均

六度　星宿过度理最玄　命宮註定不虛言

过子　流年二十四歲上　洋水滔滔名可傳

八度　每日執掌在宮中　終朝只聽后妃声

过辰　命中註定內相貴　長時降生在世中

十三　女命生逢四刻真　時帶孤鸞剋子身

过申　若能抱養他人子　定主庶外側室生

紫

十一　处央配合兩相宜正逢清風明朗財
过酉　三十四歲生一子蘭桂逢春發嫩枝
七度　三秋將盡起金風菊花開放似金鈴
过巳　雨後秋殘逢冬至九月二十七日生
三度　運行丁丑福重重口舌破財疾病生
过丑　命宫吉星相救解中間調弄在人能
十五　花多子少不週全寢食寤寐心不安
过酉　空主螟蛉作眼戲命宫該就是前緣
五度　紫微纏躔过丑宫牛父先亡鷄母終
过丑　兩天星宿安排定自古人秊百歲生

觜火

十一　棠棣茂盛各芬芳鴻雁南還思故鄉
过巳　兄弟八人你居五女中必見石皮傷
十三　花烛重整主悲啼生逢六刻外央离
过酉　洞房再娶新氣象月老註定必是鸡
七度　寒窗十年苦用功胸中豪氣吐長虹
过丑　二十五歲先入泮脫藍換紫光祖宗
九度　己財生人柔又剛也爭門來也爭陌
过巳　不登金榜身榮显出入宮中近圣王
十四　女命正逢五刻生刑冲一定在子宮
过酉　老來孤身將誰靠養抱他人作兒童

文

十二　園林滿樹花正鮮　月虧轉眼又生圓

过戌　君子正遇中秋景　三十五歲生兒男

八度　朔風凜凜降雪霜　樹葉飄飄滿地黃

过午　生辰十月初二日　靈胎落地見慈娘

四度　運行戌寅欠亨通　出入作為少有成

过寅　破財口舌疾病至　人口不安宅不寧

十六　子女宮中犯刑沖　一生只是養螟蛉

过戌　親生兒男多剋去　空主義子駕車靈

六度　文曲星纏馬入宮　猴入山林與虎爭

过寅　父命是虎先归土　母命是鸡福寿增

觜仨

十二 过午 鴻雁分飛思故鄉 手足宮中空高強
兄弟六人分次序 你身最小不尋常

十四 过戌 七刻生人主分离 明月当空被雲迷
死央再配結成对 継娶属兔姻緣奇

八度 过寅 経史鑽研用心机 欲折廣寒第一枝
行年二十零六歲 泮水先登上雲梯

十度 过午 玉帶文犀腰中懸 蟒衣海馬佩身边
待宣綸音身榮顯 君身正降午时间

十五 过戌 女命註定六刻生 此命必定剋子宮
百年孤身無依靠 養取他子做兒童

武

十三 配合姻缘喜善移 雨後開花结子实

过亥 命遇紅鸞添喜兆 三十六歲生一奇

九度 露结為霜近新冬 萬物凋殘是竹青

过未 生辰十月初七日 晚景安康福祿盈

五度 逢至巳卯禍重重 口舌破財不安寧

过卯 家门不利生疾病 凡事顛險見憂驚

十七 安身立命分五行 生剋制化論恩榮

过亥 子息宮中君喜分 送終養老是螟蛉

七度 武猴交纏犯刑沖 过卯七度助雷声

过卯 父命是兔剋去早 慈母是雞伴孤灯

觜以

十三 棠棣花盛正芬芳 空中鴻雁任翱翔

过未 兄弟七人你居六 尽带尽破尽荣昌

十五 生逢七刻主吉祥 五行冲犯尽剋傷

过亥 花烛重明弦再續 継娶鸳相永成双

九度 命宫註定二十七 喜登科第福禄齊

过卯 今朝暂且游泮水 果然平步上天梯

十一 命宫註定未时人 前生已结妻子恩

过未 不讀詩書身荣显 牙笏玉带蟒衣臣

十六 女命七刻定的真 时犯孤景养子身

过亥 若非养取他人子 皮外側室是外人

陰

六度 先天知命是平生子息過度不孤經

過子 父命是鼠母蛇相福壽康寧百歲人

六度 大運交轉到庚辰災殃禍患緊相臨

過辰 凡事謀為皆不順又惹煩惱疾來侵

四度 運行庚子主榮華財物滿門事事佳

過子 龍入海底頭生角飛奔深山換爪牙

十度 金風一起草不佳丹桂庭前發旺芽

過申 生辰十月十二日朔風吹動水鮮花

八度 太陰纏嘴在辰宮父命是龍必先終

過辰 母命是雞三十歲看養蘭桂生芳名

觜16

十四 鸿雁空中叫声喧兄弟以人一排连

过申 你身居六分造化其中必是石皮残

二度 太阴宫中入宝瓶交缠觜宿过子宫

过子 母命是猴先归土父命是羊杂其凡

十度 恩星过辰入命宫羡君胸藏圣贤经

过辰 二十八岁身游泮光前耀后是芳名

十二 执掌官事在内宫终朝专听后妃声

过申 申时君身降下世分宫合主内相公

一度 命宫以字前生来今生合该眼目灾

过子 岂然五行是带破分宫过度预先排

陽

七度
过丑
十一
过酉
五度
过丑
七度
过巳
九度
过巳

星宿过度空世間金烏玉兔似梭穿
双親庚相先天空父是屬牛母蛇年
水仙花開三點冬人々争羨色更濃
生辰十月十七日衣祿滔々似青松
運行辛丑事々亨喜氣盈門福祿增
門庭興旺多康太枯木逢春枝又生
運行辛巳凡塲驚口舌灾殃禍重々
出入求財多耗散凡事顛險謀少成
太陽过巳運與風父命先亡是小龍
慈母是鸡安且壽方傳四德尚三從

觜儿

十五　滿天嘹嚦鳴雁飛对〻双〻各自落
过酉　同氣连枝親手足兄弟七人你零一
三度　太阳过丑本系光交纏觜宿必〻傷
过丑　父命是羊母是狗母先去世父寿長
十一　八字包藏造化吉五行要訣已先知
过巳　君年二十零九歲天衢初步入泮池
十三　酉时君身方降生富貴荣華福寿增
过酉　蟒衣玉带金堦立皇宫内院逍遥行
二度　形容原是婦女身多阴多阳義理真
过丑　安身立命恶星照双目不明是女人

巨

八度 嵤火猴纒巨门星八度过寅入亥宫
过寅 註定二親无差錯父命是鼠母蛇庚
十二 孟冬雪乱絲々花景暮爪光小近妻
过戌 生辰十月二十二灵胎员满見双親
六度 運行壬寅福祿臻家门康太福祿新
过寅 水浅蛟龍归蒼海平川猛虎奔山林
八度 運行壬午灾禍臨几番憂驚不欢欣
过午 官幹私为皆不利破财惹禍少精神
十度 巨星交纒嵤火猴过丑十度反为仇
过午 父年是馬先归土慈母是鸡泪暗流

十六　鴻雁孫飛遮日天同氣連枝一脉待

過戌　兄弟宮中分次序六兄一弟紧相連

四度　巨门纏觜入寅宫慈母是鸡寿先终

過寅　四度行来归本位父命是羊似古松

十二　安身立命財要真星宿过度定富贵

過午　胸藏珠玑錦绣美正当三十入儒林

十四　命宫诞空妙归神戌時生人贵人臨

過戌　殘孤鸞凤虎豹容同近龍床凤輦人

三度　星宿过度细推详主定相士姓名揚

過寅　能观氣象吉凶理通曉五行看八方

十四　八字生来尽儒论　争奈石皮主女身
过未　岂然五行尽带破　却游泮水入黉门
十一　命中孤苦无奈何　双親早去見自羅
过申　举目无親谁是主　投向他人去养活
十二　流年红鸾入命来　必生贵子主進财
过亥　諸般謀为皆意遂　一生平安永无灾
二度　流年带破命中逢　六阳受患甚不明
过亥　頭上稀々青絲少　項内光々似白銀

参水猿卷二十三部

亥二度 參氣交纏度數分 二度過丑喜為恩
過丑 双親庚相星排定 父命屬牛母馬真
五度 祝讚花姐星威灵 送祟下神師巫解
過丑 精苑回生名法師 白手治病家業興
十二 朔風吹動梅花鮮 下元佳節小春天
過酉 生辰十月十八日 君身降生在人間
十度 亥日星過巳巽風 搖身不動足憂驚
過巳 父命屬蛇先去世 成母懶听杜鵑声
六度 運臨癸丑主發財 一家康太福星來
過丑 無滯安寧添吉慶 歲月和合起心懷

四度過丑　炁躔參宿定吉祥　四度過丑月無光
母宮屬狗必先去　猴父有壽在高堂

十四過酉　炁星過酉半福生　富貴榮華豈强行
文星不顯又失陷　衣冠歌舞作祀生

六度過巳　命宮在巳顯文明　胸藏豪氣吐長虹
子科秋闈初登第　丑春連捷上九重

十度過酉　配合妻宮屬馬庚　必主帶破是生前
此人若是無殘患　定主刑冲疾病容

八度過巳　運行癸巳疾病生　多有阻滯不亨通
乃喜病中吉星照　免得無事惹憂驚

孛三度

孛星(從人过寅)三度過(宮)寅宮(無) 分宮過度理甚明

過寅 母命屬馬父是虎 双〻有壽在高庭

四度 五星之理空的真 人前不做人后人

過寅 手拿換頭長街走 整容修養度年春

十三 星宿過度空命宮 寒蛩乱噪正孟冬

過戌 皆因生逢十月內 二十三日是乙庚

十一 孛星過度參水猿 十一過午必不安

過午 父命屬馬必先去 孀母屬狗掌家緣

七度 運行甲寅百事成 五福迎门財祿盈豐

過寅 甲旱苗得雨時〻旺 枯木逢春枝又生

五度　孛星過寅五度躔　貪財[illegible]徒遇參水猿

過寅　毋命屬雞失魁去　父命是猴福祿全

十度　五星躔度理甚明　宅人一生總不空

過戌　衣冠福祿人人美　能歌會舞一書生

七度　命臨良宮顯文明　飛花浪蝶魚化龍

過午　秋試春闈隨良郎　封章聯捷上九重

十一　花開正偶起狂風　日当明是被雲蒙

過戌　失偶尋盟妃央對　屬虎方是妻正宮

九度　運行甲午主禍臨　几番不遂少欢欣

過午　疾病口舌破財事　出入謀為不趁心

羅四度過卯　羅星過卯不為良　逢參四度納禎祥

二度過卯　父命屬兔母是馬　福壽如松山海長

十四過亥　月蓮赦（敕）母立生灵　留下宰殺古今闡同

十二過未　主（註）定懸針並骨格　屠行買賣手段能

六度過卯　人生八字更無移　福祿榮華豈能脊

生辰十月二十八　朔風透户是寒朝

羅猴星躔參水猿　亥宮過度必不安

母命屬狗有福壽　羊父必先歸黃泉

羅猴星參過卯宮　限行六度有憂驚

父母屬猴同庚相　母命先亡父後終

十六　星過亥入天羅台下　富貴榮華命安排

過亥　頓帶仙官非仙士　歌舞吹彈一秀才

八度　立命卯宮主板蟾　娼妓相逢多有緣

過未　卯科方遂青雲志　辰宮春香天下傳

十二　飛花柳如絮兩分飛　夫妻拆散亂飛揚

過亥　蘭房重整從再娶　定主屬馬兩相當

十度　運行乙未身不安　破財口舌官事連

過未　好似殘花當雨後　只宜守舊莫妄貪

八度　運行乙卯旺家門　福祿充發氣象新

過卯　家門榮昌添吉慶　一輪明月照乾坤

計

五度過辰　計度[都]星纏參水猿　猿過辰宮五星欢
天命屬龍母屬馬　先天註定非偶然

三度過子　月老前世配姻緣　燕語双双画樑間
三十七歲生一子　花發枝開喜自然

五度過子　生辰二刻重配婚　棒打鴛鴦兩下分
克妻再娶屬龍相　月老千里使成親

十三過申　計都星纏怕逢申　双親從上母刑侵
天命屬猴母屬狗　天命先亡母身存

九度過辰　丙辰運行五福臻　家道喜氣吉星臨
人口和順添吉慶　庭前桂柏枝更新

七度　計都纏申最有險　過辰七度朗旻陽
過辰　母命屬羊歸泉下　父命屬猴福壽昌
四度　東風吹動杏花天　妻小一歲始得安
過子　鸞凤交信兆央对　美滿恩情百年歡
九度　命定子年喜攀蟾　拍手三秋占魁元
過申　未年得遂青雲志　獨占鰲頭金榜傳
十一　運行丙申主災殃　出入求財惹驚慌
過申　事多危險又懼怕　吉星救解空自忙
一度　孟秋安身立命宮　金風送暑喜蟬鳴
過子　周七月初生一日　二親堂上添一丁

金

六度 酉巳　先天註定豈能移　文言推算巳先知
四度 酉丑　父命屬蛇母屬馬　双双眉寿如松齊
　　　　　移金換玉結成婚　杏葉花苍歲日深
六度 酉丑　三十八歲生一子　丹桂一枝晚更新
　　　　　二剋佳人死夾多　夢景思念痛傷人
十四 酉酉　重婚再娶屬狗相　瞎瞎常破在其身
　　　　　金躔參宿进酉宮　父命是鷄必先終
十度 酉巳　母亲屬狗百年寿　丹桂庭前花草荣
　　　　　運行丁巳勝往年　当知佳氣几番番
　　　　　家门康太添祥瑞　一輪明月照雲端

八度逢巳
金星逆巳八度躔　又是屬猴在中邊
母親是馬先陰短　魂魄悠悠赴九泉

七度遇丑
夗央交結是前緣　妻宮一度小二年

十度逢酉
夫婦正配成佳偶　百歲福壽兩俱全
酉年命宮蛟化龍　鹿鳴筵上逞英雄

十二逢酉
欲望瓊林待戌歲　頭角崢嶸上九重
運行丁酉災殃侵　官事口舌定連身

二度逢丑
雨中殘花風裡燭　棄甲拋兵如亂軍
仲秋露冷晨寒風　人在高樓聽蟬鳴
閏九月生初六日　丹桂庭前長咲容

木

七度過午（午） 木星過午喜為恩 纏參分言七度真

若知二親何庚相 同是屬馬樂欣欣

五度過寅 春老花殘子結寔 一輪明月漸沉西

三十九歲生一子 庭前喜事好佳期

七度過寅 三刻生人主有刑 兆夾失散兩哥盟

妻宮一定要再娶 預先已知妻屬龍

十五過戌 木星使君過戌宮 度行十五怕猿冲

雙親雲上同屬狗 父先去世母身榮

十一過午 運行戌午大亨通 進喜添財福祿生

十事矣阻多康泰 五福西門百事興

九度　木纏星宿獅子宮　母命先亡是小龍
過午　過午九度屬猴又　敬尊丹桂是芳名
四度　死安又結是前緣　妻宮主小　三年
過寅　配合夫婦成佳藕　一对蝴蝶舞翩翩
乎藕字原係佳偶
十一　五星纏度不非輕　主人一子莫離求
過戌　酉年虎榜人罕見　戌歲瓊林君又能
十三　運行戌戌主破財　謀事不成有憂哭
過戌　出入駁禳多不順　多虧月德救護來
三度　金風吹動玉簪香　寒蛩不住送秋涼涼
過寅　閏七月生　十一日　百花將殘望菊黃

水

八度　火星過未本為凶　躔度過旅化吉星
酉未　双親位上同有壽　父是屬羊母馬生
六度　春老花殘葉漸稀　身居酉八見稀奇
酉卯　中年四十生一子　丹桂秋香發嫩枝
八度　三刻生人再續絃　鼓琴歌舞合机寒
酉卯　庭前再娶新氣象　定是屬豬永百年
十六　火星過亥八天门　度行十六主剋分
酉亥　又命屬猪先去世　母命屬狗壽百春
十二　大運巳未主峥嵘　凡事去阻趁心情
酉未　家门和順添吉慶　松柏逢春枝更青

十度　申宿十二度過未宮　養收交躔室刑神
過未　龍母少主先老去　猪天有壽在堂中
五度　家有梧桐引鳳鳥　妻宮一主小四年
過卯　姻緣成就妃央对　夫唱婦隨永百年
十二　一朝天子一朝臣　星宿过度實的真
過亥　戊年犇子阻来少　金殿侍臚天上尋
十四　運至巳亥有災星　就如烈日照霜冰
過亥　哀草逢霜葉凋落　凶星化吉衛安寧
四度　金風陣陣仲秋臨　仲秋佳景又重新
過卯　閏七月生十八日　晚景榮華福祿臻

火

九度 参水過申是本鄉 双親位上定刚强

過申 又命屬猪母是馬 福寿如山福更長

七度 石上芝蘭晚發苗 陰功積德保堅牢

過辰 四十一岁方立子 晚景清閑月漸高

三度 季秋時盡画冬天 雁过南楼聲々哭

過子 生辰九月初三日 晚景衣禄自然添

九度 参宿交度過辰宫 夫妻一定配刑冲

過辰 四刻生人主再續 克妻再娶必是龍

十三 大運交庚申 一五福臨 財禄豐盈氣象新

過申 家門和順添瑞氣 望喜會財定遂心

十一　參躔火星度数强　參宮推算入申鄉
過申　卯丑南柯思故眷　猴父再娶寿延長
十九　玉女東端配姻緣　妻宮一定小五年
過辰　鸞凤死夹參佳美　廣寒仙子帶月眠
五度　生辰二刻文業乖　頭戴儒冠亦需才
過子　武舉作券生殺氣　運臨旺地鷹揚向
一度　一枕死夹碧秋天　中秋明月共枕眠
過子　蘭巷死夹成婚配　夫男屬鼠是前緣
五度　金凤飄々兵秋衣　蟬声离窠月出遲
過辰　寅七月生二十一　亢辰降生報君知

土

十度 土星入酉喜相生 二辛宮中仔細詳
過酉 父鴆母馬皆前定 宮〻檮續不落空
八度 八字能洩造化机 命宮註定豈能移
過巳 算君四十零二歲 庭前喜生一子奇
四度 金風吹動菊花香 雁过南樓声〻忙
过丑 生辰九月初八日 父母欣悦过重傷
十度 生逢四刻主刑妻 处央分散痛悲离
過巳 重婚再娶屬狗相 晚景堂前桂花奇
十四 運臨辛酉大亨通 福星共照喜峥嵘
過酉 一門兩露從天降 雲收霧散月光明

十二　參水猿纏酉宮游　十二度数化為仇
過酉　世母屬虎先赳去　猴父福壽海東流
十八　先天註定姻緣奇　死央配定不差移
過巳　妻宮原来小六歲　百年舉案共齊眉
六度　三刻生人格局清　五行未有甲科星
過丑　終日依衣禄豐盈厚　衣冠騎財武舉生
二度　姻緣好似鸞凤交　死央並翅雨逍遥
过丑　清凤明月為伴侶　夫主屬馬子成苗
六度　年月際遇命宮荣　凤吹巧雲月重明
過巳　寅七月生二十六　丹桂花繞子初成

龍

十一 參水猿纏龍法星 十三度吉過戌宮
過戌 父命屬狗母是馬 庭前桂柏倚青松
九度 雨後花鮮味更香 黃菊初綻傲秋霜
過午 相是積德陰功厚 四十三歲生一郎
五度 時值季秋逢重陽 月過南樓照盈堂
過寅 生辰九月十三日 菊花開定滿院香
十一 月缺花殘少光陽 五刻生人尅妻身
過午 重整瑤琴絃再續 註定屬龍免刑侵
十五 大運壬戌自清閑 門庭吉慶吉運〻
過戌 家業興隆添瑞氣 富貴榮華自然安

十三　龍星十三過戌宮　炙纏水猿毋先從
過戌　子宮過度猴父寿　养育丹桂耀门庭
十九　死夹炙頸配姻緣　妻宮庚相小七年
過午　鸞凤翱翔分上下　对对蝴蝶常青蓮
七度　龍行選宮遲戚風　過寅七度四刻生
過寅　武舉作养成異羽　将星显露鎖臺庭
三度　尅去前夫正青春　再嫁属鼠是夫君
過寅　分明鏡破重圓象　洞房花烛又一新
七度　金風吹動萬物青　菊綻芙蓉正芬芳
過午　閏八月初一日生　胎九落地子見娘

紫

十二 紫微過亥是天门 父命屬猪重人倫

過亥 母親屬馬安然樂 双双有寿百年人

十度 鮮花结菓在晚年 四十四歲生見男

過未 存心積德陰功厚 天錫一見到堂前

六度 寒秋露深金風涼 鴻雁南樓思故鄉

過卯 生辰九月十八日 桂子堂前降吉祥

十二 鴻雁空中叫聲悲 兆央拆散各自歸

過未 尅妻再娶屬猪相 百年夫婦免憂戚

十六 運行癸亥福壽昌 家门康泰見吉祥

過亥 十年運通皆遂意 猶如明月分外光

十四 遮日無光紫微星 雁塔題名入亥宮
過亥 度数十四猴父寿 鼠母一定寿先終
十一 前世月老配姻緣 夫妻庚相不同年
過未 妻宮一定小八歲 美滿恩情百年欢
八度 生逢五刻武業通 讀書詩書文未成
過卯 幸而騎射可人意 武學作券一世榮
四度 一枕兆央有刑傷 孤雁折散兩分張
過卯 侗房再整兆央对 後緣屬馬兩相當
八度 金風吹動黄葉飄 草木苍落漸漸消
過未 寅八月生初六日 玉露穿苍母見苗

文

十二　過申
夗央相配不同年　妻小九歲得安然
共枕夫婦如魚水　好比孟光永百年

十一　過申
莫怨生來不遇時　陰陽相配子結實
四十五歲生一子　猶如枯木生嫩枝

七度　過辰
金風吹動菊花天　父母生身福祿安
要知此身何日降　生辰九月二十三

五度　過子
文過寶瓶主孤單　皆因交纏參水猿
父命屬鼠先尅去　犬母堂前壽百年

十三　過申
生辰過度六刻真　花燭重輝新又新
尅妻再娶屬龍相　美滿恩情百歲春

九度　文纏甲宿過辰宮　讀尽詩書帥文生

過辰　生逢六刻煞星現　武舉作券耀門庭

一度　命臨子地主文明　胸藏豪氣吐長虹

過子　子科一定登虎榜　果然平地一声雷（不下 雷一声 上）

五度　夫君已定屬鼠人　天生帶破在其身

過辰　若還身上先帶破　必定二姓免刑侵

三度　命臨戊子有災殃　破財禍患多驚慌

過子　家門不利身不穩　人口六畜少安康

九度　時值金雁還南鄉　乾坤交轉仲秋天

過申　生辰正是閏八月　十二降生在人間

武

十三
過酉
十二
過酉
八度
過巳
六度
過丑
十四
過酉

昔日月光配姻緣　妻宮一定小十年
須知伉儷風雲会　美滿夫婦両团圆
庭前丹桂子結寔　果然应兆夢熊羆
四十六歲生一子　晚景福壽祿更齊
月將交纏大火頭　菊花開放九月秋
生辰正是二十八　風送鴻雁過南楼
武曲交纏参水猿　六度過丑主不安
父相屬牛归泉下　犬父堂前守孤单
六刻錦帳主重新　好似克鏡跌破塵
洞房再娶屬犬相　方保齊眉百歲春

十度　參水猿纏武曲星　過巳十度七刻生
過巳　文業不成眷武志　孫子韜畧在胸中
二度　命在午宮文業夯　必有風雲象会特會
過丑　子午文昌星入命　早扳丹桂第一枝
六度　夫君已定屬馬人　晴〻帶破在其身
過巳　若是身边無帶破　堂〻必定兩萱亲
四度　運行巳丑有吳星　官詞口舌事难平
過丑　出入經營多阻滞　財帛耗散一塲罡空
十度　白露寒蝉已不鳴　燕离画堂秋社遊
過酉　閏八月生十六日　君身已降子孫亨

陰十四 兆央爻結成姻緣 夫婦和合福祿全

過戌 從來世上皆前定 妻宮小你十一年

十三 東風吹動杏花天 紫燕啣泥過梁向

過戌 註定此年添喜事 四十七歲得見男

九度 金風吹動透窗寒 生辰喜氣又安然

過午 寒冬葉落枝還在 降生十月是初三

七度 太陽過寅七度星 父母、定犯刑沖

過寅 虎父先作泉下客 犬母堂前伴孤燈

十五 同林鳥被狂風散 魚遭猛浪兩游分

過戌 生辰七刻重婚配 再娶屬龍晚更新

十一　生逢此刻是貴奇才　孫吳韜畧胸中懷
過午　江山全憑弓馬定　武學作養一將才
三度　命主子宮人共聞　定遇火星大吉祥
過寅　卯科三秋登仕路　安邦定國展經綸
七度　姻緣本是月老調　風景從容堪逍遙
過午　妻宮一定是屬鼠　堂上丹桂長異苗
五度　運行庚寅亥年臨　破財口舌禍臨身
過寅　雪霜難見三冬日　風裡燈燭恐難存
十一　暑去寒來月掛杯　黃葉飄飄水東流
過戌　閏八月生二十日　風吹鴻雁過南樓

陽十五

過夾　配成姻緣是若何　月老註定無差錯

十四　妻宮定小十二歲　百年相守永和合歲

過夾　暮景紫燕畫梁間　花開結菓在晚年

十度　少有門隣相扶助　四十八歲生一子

過未　新冬差逐遇是朔風　雪裡松柏竹更青

八度　生辰十月初八日　天胎落地顯人倫龍

過卯　太阴纏猿度數分　猿入卯宮畏畜門

十六　兇又一定前先去世　母親屬狗百年春

過夾　七度生人妃妾分　衾寒枕冷淚洒襟

夫婦失偶再婚配　必須屬豬狗先刑侵

十二过未 星宿过度時刻真 命宮註定豈由人
四度 衣冠榮体本為福 手舞足蹈口歌音
过卯 外近蟾宮拆桂郎 命宮在辰助日光
八度 萬里風雲龍來會 桂花簪冠姓字香
过未 配定姻緣不非輕 黃菊開後香更清
六度 庭前喜生一子立 妻相是馬在午宮
過卯 運行辛卯主有凶 求財不得有勞驚
十二 災殃破財添煩惱 存心忍耐方可平
過亥 梧桐葉落舞當空 金風吹動雁聲鳴
寅八月生二十三 月移桂影到堂庭

巨一度 一度過子參水猿 猿朝北斗显威板

過子 喜遇巨门星辰現 父是鼠相母馬年

鼕 乙度 圍々扇動响鼕々 君子燒香问病情

进子 祝讃神明傳圣信 八掛灵驗是端公

十一 月到孟冬々景漸移 雲霧濛々雨甚稀

過申 生辰十月十三日 露冷風寒百鳥棲

九度 巨门過辰号大啼 文纏參宿主分离

进艮 龍父先去犬母在 星辰过度歲那移

五度 運行壬子事々成 福祿禎祥大亨通

进子 家门康太添喜氣 財帛安然稱心情

三度過子　巨星纏參永朝北　三度过子波浪同

母命屬猪先克去　猴又有壽百年帰

十三過申　巨门纏參過申宮　度行十三禍氣生（奉祀）

衣冠濟濟儒生仕　歌舞音樂禍氣生

五度过辰　命宮在子天禍（福）齊　科甲聯捷上雲梯

子年万遂鹿鳴宴　丑春金榜又題名

九度过申　配定妻宮屬白虎相　定主夫亡命不存（必主帶破在其身）（定主天亡命不存言）

若是身上無帶破　此主帶破在其身禍（以下當）

七度过辰　運行壬辰百事成　哭殃禍患有憂驚

春後殘花秋后草　翦收不遂在心中

巳

十度 命主孤苦痛傷情 双親位上影無跡

過戌 辭世歸陰登樂地 悠悠蕩蕩不回程

三度 乍個語句不得真 仔細听來漫有音

過亥 口角巧言難的辯 舌尖妙語不能真

十一 命中孤苦不尋常 父命一定在外亡

過亥 非是遠鄉刀懸死 依然飢餓水火傷

十二 數內推來此刻生 義氣慷慨重情行

過戌 此人必是京商客 福壽無疆作事公

九度 數內推來此刻孤 兄弟之內一個無

過亥 雖然無有親手足 挺身自拔世間稀

井木犴卷二十四部

亥二度過子

星宿過度分五行　造化旁通定一生

父鼠母羊無錯差　双双有壽百年榮

十二過甲

百年恩愛定前生　杉花茂盛色更青

寒〻遊（不禁）噪月高聲叫　元辰十月十四生

十度過辰

亥纏井宿木為吉　十度過辰主分离

龍又先作鼠下鬼　母命屬豬又霜居

六度過子

大運交子凶星來　子星刑沖命裡該

人口不興財不旺　煩惱傷心泪滿腮

八度過子

運行甲辰生七災　禍患錢財重重積

古鏡不磨雲霧蔽　凡事不能稱心怀

十度　壽宮屬牛主有妨　身作石灰得安康

過甲　若会帶破必兩姓　和美夫婦壽延長

五度　焉星纏井過子宮　母命屬豬壽先終

過子　五度行來雞又壽　蘭桂綿〻弟吉清

六度　命立丑宮甲科星　胸藏錦肅魚化龍

過辰　春闈秋試從子丑　三試三捷喜雙登

十四　卯時生人主命宮　衣祿四方有餘增

過申　一生手藝先告定　財豐祿厚大亨通

三度　流年夜符是凶神　披枷帶鎖進監門

過子　身受閑氣至煩惱　隄防口舌破財臨

孛三度　孛星過丑三度分　與井纏奎喜為忌

過丑　父命是牛無差錯　母命屬羊定是真

十三　孟冬小雪乱紛〻　暮景春光逞小春

過酉　生辰十月十九日　旲胎元滿見双亲

十一　孛星過宮纏井宿　父命屬蛇母是豬

過巳　父親先亡母有壽　家道吉祥增百福

七度　大運交丑福不真　雨打花殘風送塵后（下行善）

過丑　家門不旺財物散　命主尅子好傷人（前）

九度（巳）　運行乙巳主傷財　災殃禍患入門來

過巳　財若不損人口病　凶多吉少命裡該

十一 妻宮配定屬羊相 子有帶破在其身
過酉 若是此人無帶破 必主二姓養成人
六度 井宿纏字仔細評 六度過丑算的清
過丑 父命是鷄且有寿 狗母先去赴幽冥
七度 命宮在未是貴星 管取此人赴蟾宮
過巳 子午登科連及第 封章飛報上九重
十五 命宮正是寅時生 一生貴人見喜容
過酉 生來手藝前生定 四方營求衣祿豐
四度 流年耗神入命宮 經營買賣落場空
過丑 惟被小人來害已 錢財消散永無踪

羅十二　井宿犴纏羅睺星　十二過午也全凶

過午　又命是幽馬韶光短　寡母孀居是猪庚

十四　星宿尚度論命宮　時為小春亥孟冬

過戌　生辰十月一十四　花開鮮艷惧朔風

四度　羅睺星君不為良　命又是虎母属羊

過寅　二親庚相先天定　過寅纏井有恩光

八度　運交寅宮命不强　菊花開時遇秋霜

過寅　可惜貴子遇刑害　未呼短嘆淚汪汪

十度　運行丙午命不通　軟弓難射正鵠中

過午　也有口舌疾病至　財物失散人口驚

十二　過戌十二論妻身　棒打死只兩下分

過戌　重婚再娶是牛女　花柳馨香咲欢欣

七度　羅猴纏井過寅宮　七度行來仔細評

過寅　寅堂亡双親先喪人　萱堂屬鸡是同庚

八度　命立丑宮文氣高　管取子花姓名標

過午　身臨丹桂扳秋月　封章飛報占春鰲

十六　命逢丑時降生人　早起晚睡得勞心

過戌　四方衣祿到處有　定主手藝在其身

五度　命犯喪門必主凶　此年定是有憂驚

過寅　內外孝服不能免　若不如此有災星

計

五度　計都遇卯主榮昌　五度遇井喜非常
遇卯　父命是兔高堂榮　母命庚相必是羊
十五　朔風陣陣交仲冬　景色蕭條萬物空
過亥　生辰十月二十九　晚年安享福祿增
十三　計都星君不為良　過未纏井主刑傷
過未　父命是羊先赴去　母命是豬福壽長
九度　大運交卯主有災　子息宮中必有衰
過卯　蠟燭樹上風刮倒　梳台古鏡被塵埋
十二　運行丁未事參差　半開半卸雨中花
過未　吉事不成凶事有　出入顛險不為佳

十三
桃李花間朔鳳臨 棒打死史兩下分

過夫
絃斷再招屬羊相 蘭房花燭慶新婚

八度
計都星居入畱門 纏星八度即仇人

過卯
母命是猴先去世 父命是雞永百春

九度
命宮在未魚化龍 卯辰聯登上九重

過未
手扳丹桂登月殿 果然平手表一聲雷

十七
子時生人手藝精 命坐四方衣祿豐

過夫
心中靈巧生造化 晚景榮華福自生

六度
行年命犯朱雀星 口舌事非有虛驚

過卯
瑣碎駁雜多不利 凡事謀為必有成

金

六度 金過辰宮喜相生 纏井六度算的明

過辰 又命是龍為庚相 母命是羊百年榮

四度 人言秋花結子晚 我的晚花子更堅

過子 四十九歲生一子 暮景双全衣祿安

十四 金星纏子主陰陽 十四過申有刑傷

過申 父是屬猴先去世 母命猪相壽延长

二度 仲秋佳景黃葉飄 梧桐樹上金風擺

過子 閏七月生初二日 父命母堂前產異苗

十度 運交辰宮主大驚 子息不安命歸空

過辰 葉老花殘情何悲 煩惱傷心珠泪傾

十二　運行戊申禍步生　災殃口舌主相爭

過申　財物失散人口病　凡事顛險惹事非

六度　生逢二刻主重婚　比目魚遭極浪分

過子　克妻再娶是蛇相　月老配成百年春

九度　金愛其制過辰宮　纏井九度主刑冲

過辰　此命是羊先克去　又命是鴉壽如松

十度　命宮子科是久昌　手接秋桂異味香

過申　酉年大遂凌雲志　獨占春鼇姓名揚

七度　夫婦配合自天然　披肝露膽豈藏惴

過子　姻緣夫妻皆前定　妻宮定小十三年

木七度　木星過巳喜相生　木上成林七度行
過巳　五星主理不錯算　父是蛇相母羊庚
五度　暮景花開九金黃　凡事称心好風光
過丑　丹桂庭前晚立子　今歲正度五十年
十五　木星過酉纏井宿　度行十五母屬猪
過酉　父是屬鷄歸泉下　玉兔東昇又沈西
三度　歲值仲秋暮景天　金風吹動透窓寒
過丑　閏七月生十七日　寒蛩凄凉景色殘
十一　運行文巳雪加霜　男女宮中主刑冲
過巳　丹桂花開遭風雨　蟠龍已熟遇狂風

十三　運行巳酉定主災　禍患重重損害錢財

過酉　吉凶成敗此運內　閑是閑非一齊來

七度　鸞鳳喜鳴又添愁　鼓盆歐歌淚双流

過丑　二刻註定姻緣对　再娶屬猪到白頭

十度　木纏井宿過巳宮　堂上鴉父福壽束

過巳　母命是馬先去世　悠上蕩上命帰空

十一　午年命中蛟化龍　鹿鳴宴上逞英雄

過酉　欲望春雷登辰歲　頭角崢嶸上九重

四度　前生交結鸞鳳姻　妻宮必小十四春

過丑　乾坤交太命中定　死央同枕共同衾

水八度　水星過午既濟功　爻纏八度犴宿行
過午　父馬母羊為庚相　老壽彌高福祿同
六度　春老花殘葉將稀　明月一轉漸沉西
過寅　五十一歲生一字　枯木逢生發嫩枝
十六　水星纏井自春楊　父命屬狗定先亡
過戌　母命是猪安且壽　放心教子百年昌
四度　金風陣陣一雁南樓　郎近中秋景漸收
過寅　閏七月生十二日　渭水荷花任漂流
十二　大運交午命不逆　子息空主見悲声
過午　春後殘花秋後草　破財心神不安寧

十四　運行庚戌主煞前　駁雜不知有几番
過戌　更有破財啾唧事　哭殃口舌心不安
八度　二刻生身定有刑　死央折散别尋盟
過寅　尅妻再娶是蛇相　青竹松花映日紅
十一　水星纏井過午宮　度行十一細推明
過午　慈母是蛇先歸土　父命是鷄寿如松
十二　命宮主定是文星　鎮到蟾宮折桂榮
過戌　戌歲鹿鳴君獨步　亥年瓊林又逞能
五度　月老前定配姻緣　妻宮必小十五年
過寅　雖然老幼不相等　一枕死央永百年

火

九度 五星要訣理玄微 火星過未九度推
過未 父母同庚是羊相 宜福宜寿晚年輝
七度 暮景紫燕画梁间 樹老花殘枝却鮮
過卯 積德陰功不絕後 五十二歲生兒男
十七 火星交纏入乾宮 度行十七定刑冲
過亥 双親同庚父先去 俱是属猪前後終
五度 金風送暑寒蛩鳴 月過中秋雁南行
過卯 丹桂庭前香異味 寅七月内十七生
十三 大運交未不為強 草上浮霜見太陽
過未 子息行赴才有破 身心不安泪兩行

十五　運行辛亥主災殃　口舌是非官事防
過亥　出入不利財耗散　憂悶重重惹几場
九度　生逢三刻重結絃　歌舞鼓盆衾枕寒
過卯　房中再娶屬猪相　舉案齊眉百年欢
十二　失星文纏木犴星　十二過未反為凶
過未　母親是龍先歸土　父命是鷄福壽通
十三　命宮坐定是文星　管取声名達帝京
過亥　戊年秋闈又罕見　亥榜連捷進士公
六度　失星過卯九度推　年甲不齊本天為
過卯　妻宮必小十六歲　共枕同衾一羅幃

土十度　土星過申喜重逢　父命是猪福祿增
過申　母命是羊且有寿　井宿十度定分明
八度　梁天知命是五行　枯梅晚綻耐寒風
過辰　洞房喜事从天降　五十二歲生兒童
四度　松栢翠竹山映青　濃濃淡淡傲雪冰
過子　菊花開放秋將尽　正当九月十四生
六度　時將中秋金風天　賓雁对對望南还
過辰　寅七月生二十二　丹桂一枝出臺前
十四　運交申宮主大鑿　刑剋子息見哭声
過申　家门不利財耗散　桃杏未熟遇大風

二度　百玄開放正三春　夫主是牛配成婚
過子　一对处央水上声　長天秋水一色新
十度　迷群孤雁声上声　失偶尋盟子規血
過辰　魁妻再橐处央配　月老配定是屬蛇
十三　土星纏井不亨通　十二過申定的清
過申　毋命是魁先魁去　鴉父有寿似青松
六度　命宫主定亥時生　合主手藝逞奇能
過子　生平衣禄四方有　凡事諸般件件通
七度　前世月老配姻緣　处央交頭少歲欢
過辰　妻宫若是同何相　必小夫主十七年

龍十一
過酉
九度
過巳
五度
過丑
七度
過巳
十五
過酉

分宮過度定五行　生克制化算的清
龍德過酉纏軒宿　又命屬鳩母羊庚
春老花殘桑將稀　喬木涵春發嫩枝
五十四歲生妻子　方信陰陽有後裔
雨洒菊花滿園香　人生佳節遇重陽
生辰九月初九日　晚景福壽更吉祥
時風(逢)仲秋金風天　寒蟬不住叫聲喧
閏七月生二十七　丹桂枝上結子繁(完)
大運交酉化不寧　刑傷子息禍重重
日月雲迷光明少　終日煩惱有災星

三度 平安姻緣註的高 風雲會上走逍遥
過丑 夫宮必定屬羊相 月老造成無錯毫
十一 生逢四刻主克妻 外央仍散痛悲啼
十四 洞房再娶是豬相 暮景庭前蘭桂奇
過巳 龍纏井宿過酉宫 母命是虎壽先終
過酉 父命是鴉享福壽 蘭桂木林森世上青
七度 八字前生定的真 四西方衣祿甚豐盈
過丑 命定戌時主手藝 貴人提拔財帛豐
十玖九 姻緣配定在命宮 前世註定非今生
過巳 妻宮主小十八歲 恩愛綢繆福壽停

紫十二 仍宮過度細推祥 井木纏宮入戌鄉

過氐 椿萱有壽何庚相 父命屬狗母是羊

十度 雨後梨花果色鮮 青陰深處處是歡

過午 天佑君積陰德厚 五十五歲生一男

六度 季秋寒蟬時声喧 陣陣涼風推雁還

過寅 生辰九月十四日 堂上双親長咲顏

八度 金風吹動寒松青 暑去寒來又盡冬

過午 閏八月生初二日 青雲踏倒陶淵明

十六 戌運劫逢煞星最凶 子息沖破見哭声

過氐 人口不安財不旺 煩惱傷心淚睛傾

四度　燕語鶯声不稱情　忽然折散処央盟
过寅　乾夫再續屬牛相　竹影松花照日江
十二　日缺花殘少光陰　五刻生人損妻身
过午　定主瑤琴絃再續　月老紅定屬晚人
十五　过度十五戌飛行　文運學成定刑沖
过戌　母命屬午定先去　鴻文堂前福祿榮
八度　酉時生八主聰明　命兼天巧作妻宮
过寅　君子夜祿則妻有　總之自在过平生
十一　命宮姻緣妻不同　月老相配係赤繩
过午　妻宮必不七妻　恩愛夫妻晚年榮

文

十三 文昌过命入天门 有福天魁不能侵

过亥 父命属猪母羊相 可比南山四皓人

十一 命宫厚清言益量 顺景衣食渐上隆

过未 庭前喜事从天降 五十二岁生兒童

七度 金风吹动雁南飞 朵朵菊花吐嫩肥

过卯 生辰九月十九日 芬芳桂子万香奎

九度 金风吹动菊花鲜 万物将成仲秋天

过未 闰月重初七日 物物时换将成香

十七 天运交来合太通 子宫重重见笑声

过寅 月桂芬芳被霜打 船到江心遇大风

五度　瑶琴今世鼓忽斷絃　失偶死央在兩邊
過卯　克夫再配是羊相　復度春光亦百年
十三　空中鴻雁叫悲聲　分散死央西有東
過未　過未克妻重配猪　生逢五刻百年荣
十六　文星纏井手驚慌　度行十六過亥方
過亥　母命是白虎魁去早　鴻又有壽似東洋
九度　命中近貴是前生　申時生人好做工
過卯　終身衣祿是前生（四方有）　手藝在身人不能
十二　前世交結死央姻　妻宮少小二十春
過未　老陽少陰前世定　年申不齊共枕衾

武

六度 井木犴纏武曲星 鼠命父親壽先終

過子 母命是猪安且壽 撥養丹桂有芳名

十二 石上芝草晚發苗 憑借陰隲保守牢

過申 五十七歲生一子 晚景秋閑月漸高

八度 寒風凛上季秋天 菊花開花滿庭前

過辰 生辰九月二十四 父母堂前長笑顔

十度 金風吹人聆重陽 季冬天氣降嚴

過申 生辰寅八月十二 菊綻似金分外香

四度 運行庚子不為奇 耗散官災主淒愴

過子 晚日沉西难見影 春色卸落空枝

六度過辰　夫主屬牛配成婚　定有帶破在其身
命宮皆是星辰定　無破必是兩姓人

十四過申　命宮過度六剋真　花燭重光新又新
剋妻再娶是蛇相　美滿夫婦百年春

四二度過子　交命丑宮少人知　功名成就有何疑
子科大展經綸志　當取平步上天梯

十度過辰　未時生人巧又乖　貴人見喜笑顔開（命宮該主手藝云非）
一生衣祿四方有　貴人見喜笑顔開

十三過申　芳月月老配姻緣　妻小二十零一年
年甲不斋為夫婦　共枕同衾魚水欢

陰七度 丼木犴纏太陽星陰
過丑 慈母屬猪多安樂
十三 景色殘花季秋天
過酉 一門喜事自天降
九度 露冷風寒秋季天
過巳 生辰九月二十九
十一 暮景菊綻仲秋天
過巳 閏八月生十七日
五度 運行辛丑災福臨
過丑 出入不利人口病

过丑牛父少先没
勞心教子百年榮
桂花結子晚更堅
五十八嵗生男男
黄菊開放滿臺前
旲胎落地下母安
凉風陣陣雁南还
父母堂前長咲顔
几番不遂少欢欣
家宅不安小人侵

七度　五行四綫定命宮　十里姻緣月老成
過巳　夫主屬羊結成对　定有帶破在其身
十五　六刹景帳主重婚　比目魚遭猛浪分
過酉　洞房再娶是豬相　方保齊眉過百春
三度　命主未宮通古今　胸藏錦繡壓衆人
過丑　子孫得遂青雲去　一舉成名天下聞
十一　午時生人最清吉　命中手藝是為奇
過巳　衣祿無虧四方有　晚景康寧福祿齊
十四　姻緣前世月老成　嫩花開放錦重々
過酉　妻宮定小二十三　夫婦同心不同庚

陽八度 太陽进寅正東昇 八度纏殺主刑冲

进寅 父命屬虎母猪相 父先母後命歸空

十四 風吹花卸景色殘 万里長江月不圓

进戌 五十九歲生一子 曉景大喜賀兒郎

十度 秋盡冬初景凋零 菊花將殘月初生

进午 允辰十月初四日 安然停態母子業

十二 菊花開放正三秋 雁进南樓不斷頭

进戌 闰八月生二十二 堂堂双親喜无休

六度 運行壬寅喜重重 災殃口舌必作凶

进寅 出入不利財耗散 无端煩惱有憂驚

八度　一对处央碧秋天　明月佳節多顯眠
进午　妻宫属牛生一子　和美夫妻是前緣
十以　生逢七刻主重婚　比目鱼遭狂浪分
进戌　同林身遇狂風散　再娶属蛇晚更鲜
四度　命在丑宫主大功　手扳月桂步蟾宫
进寅　卯年登名貴紫府　一声轟雷万里鳴
十二　巳特生人近貴清　合主手蓺四方行
进午　一生衣禄多豐厚　到处自有贵人逢
十七　配合处夫在晚年　庭前佳景喜无边
进戌　夫婦少七成佳偶　妻宫必小二十三

巨九度 井木犴纏巨门星 遇卯九度定的清
過卯 父命屬兔先歸土 母命屬猪福壽增
十五 九度亥花開几辰紅 枯木逢春嫩枝生
過亥 果然陰騭天加佑 八十生子世人驚
十一 清風明月遇孟冬 綠水青山映日紅
过未 生辰十月初九日 門前弓矢掛新紅
十二 巨星過亥十二宮 菊花初綻色更濃
过亥 閏八月生二十七 梧桐葉落翠竹青
七度 大運交臨利癸卯 災殃禍患不為少
过卯 謀望无成財消散 必須成敗方可寧

九度 嫩柳桃花正芳容 良媒佳偶自然成
過未 妻宮屬羊生一子 蘭花福祿百年豐
十七 生逢七刻兆央分 衾寒枕冷泪湿衣
過亥 失偶尋盟逐婚配 再娶屬猪結成親
五度 命宮在未是文星 霞宮照耀廣寒宮
過卯 卯科得遂青雲志 光宗耀祖換門庭
十三 命逢辰時不尋常 手藝出群比人强
过未 一生衣祿四方有 到處自有貴人幫
十八 兆央配合再娩年 蘭花佳景喜先迎
过亥 夫婦少老成佳偶 妻小二十零四年

巨十度 八字孤苦甚可憐 出入不見父母顏

過申 幸遇慈悲天眷顧 義父義母永百年

三度 此刻生人不尋常 肩有帶破却无妨

過亥 臉面定處分損壞 鼻孔定是受殘傷

一度 此命帶破咀夫風 定因顯露齒似鋒

過辰 劈破櫻桃兩片咀 分碎珠紅兩斷唇

十一 生逢此刻甚可憐 出世不見父母顏

過戌 幸偶慈想天眷顧 親父繼母保平安

二度 月老配定非偶然 六親結婚是前緣

过亥 該人主就尋常事 殘婚夫婦永百年

鬼金羊

炁

七変 豐衣足食置田產 恐防災患不安康

过寅 災難相侵不可當 風中蠟燭半輝光

三変 花紅柳綠正芬芳 不繫心初不用謀

过辰 不見刑傷見禍殃 此宮財祿甚飛騰

十三 貴達榮華大吉祥 無憂快樂度時光

过巳 祥龍吞珠火裡星 春風花發正生香

十変 大運甲寅不為奇 求財無利反生疾

过午 須防口舌惹憂事 下五年來生光輝

十四 雁过南楼叫聲喧 晏去亥亥來白晝天

过戌 萬物相殘黃葉落 生辰八月二十三

十一　星宿过度入午宫　父親属馬命先終

过午　如命属龍守堅固　壽似松柏百年青

一度　庚日辛巳时喜至　名標虎榜氣象新

过辰　旗牌懸门人争羡　宫花插帶拜君恩

三度　七刻生人福重重　父子四科俱成名

过午　怎奈喜當不辰動　職受皇恩祿千鍾

十七　小運不祥逢凶星　破时口舌事重重

过亥　隄防三六九十二　玩不生災定見驚

五度　生産人龍呼哀子　虎父高堂壽如松

过辰　庚日庚辰时最强　養成鮮御待时光

孛

十二过未 孛星交纏近天门 手足排行四個人
汝必於二宮不错 星宿穿宮算為真

十一过未 五星要訣理不虛 未來之事已先知
妻宮木命能内助 亥是水命配佳期

四度过卯 孛星过卯四度尋 二親庚相定為真
父命屬兔母屬鼠 壽比南山四皓人

十四过亥 金風陣陣送秋涼 賓鴻對對還南方
生辰八月二十八 中秋已过望重陽

十二过未 孛星过未主刑傷 度數十二是分張
父命屬羊先去世 母命屬龍享安康

五度　八刻生人文業齊　父子成名天下知
过未　子登堂椿榮進士　父受褒封占立魁
十三　星宿交纏过申宮　父母兩猴必兩説
过申　父君先被云掩遮　慈母堂前守孤燈
五度　榴花內核映日紅　將今陰陽兩望中
过辰　益福兔災过辰方　窗前立志習文章
四度　花發風光清雨天　飛來芬芳年十三
过午　人間喜事從天降　此年妻宮產兒男
十一　妻宮本命享安然　相生火男命宜全
过申　五行要訣前生定　夫婦配合十度間

羅

一度 羅星过辰五度推 景色和氣萬物辉

过辰 慈母属鼠寿为左 父命属龙自芳菲

五度 闰五月生初一日 因生三刻福禄全

过子 慈母属羊必先去 父命属虎福寿长

四度 福星消灾过辰方 羅星缠定主刑伤

过申 羅过龙门三重浪 金榜高题姓名扬

三度 晓日红花映碧天 月老为定配姻缘

过丑 妻宫年十四岁上 早生一子在堂前

八度 榴花开放映红日 杨柳枝头锦鸟鸣

过巳 闰五月初六日 晓景荣华福自生

十五　運交良酉福祿強　門庭吉慶家宅祥
過亥　諱含明珠添喜兆　蘭房生子是吉祥
十二　運行己未財不安　人口啾唧事淹連
過未　若得進財添喜事　須待交豬下五年
七度　世間何事是真歡　人生有子萬事全
過卯　妻宮年方十六歲　門掛新紅有笑題
四度　桃花滿樹弄春紅　閏五月份十六生
過卯　提攜如形棲親喜　晚年家道更崢嶸
一度　庚日丙子時生福　蟾宮折桂千鍾祿
過亥　人人爭羨福祿重　四海揚名達帝都

計

十三 过酉 五星妥訣不盡傳 妻宮本命配姻緣

过酉 月老註定成婚配 男人士人命福澤之

六度 計都过丑二刻纏 夫婦同生在大年

过丑 坊園鳥語春光好 赤繩繫足結姻緣

三度 榴花開放映日紅 楊柳枝頭鐘聲鳴

过丑 閏五月生初六日 夫妻壽享似柏松

十度 庚日戌寅時上清 宮主折枝步月宮

过酉 身披紫衣登月殿 手執象笏拜九重

二度 坊枝桃李自春紅 一枝奇花結子成

过寅 閏五月生十一日 畫堂添喜晚年豐

十三　運行庚申損財源　疾病口舌事添迷
过申　交过上五庚子運　下半五年大小事添
八庚　圓圓明月出雲端　一榜妃央下庚交々
过辰　鸞鳳和鳴姻緣事　十七生子妻當年
五庚　鵲来枝頭春又紅　孫柳添愛又燕聲
过辰　閏五月生二十一　父母生後出紫名
五庚　三刻生人貴非凡　代々儒業對聖矣
过寅　父子同登龍虎榜　戰受皇恩福祿綿
十四　辛酉大運事多話　凶多吉少鐵鎖眉
过酉　若交下五酉字官　滿園花草自芳菲

金

六变　早春花開艷陽天　手桂枝上時時鮮

过寅　一樹鐵花先結果　妻宮十五生一男

七变　清風明月兩相宜　二親宮中細推知

过午　父命屬馬母屬鼠　星辰過度測天機

十五　金陵白羊過戌宮　星宿十五度數行

过戌　父命屬狗先赴去　慈母屬龍壽如松

七变　生逢三刻交數纏　池塘鴛鴦交交頸眠

过寅　夫婦二人同到老　月老千里配姻緣

九变　金星過午福祿強　交纏九度主刑傷

过午　母命屬蛇先赴去　虎父君壽在高堂

亥度　墻桃將熟逞薰風　閏五月二十六生
过巳　父母堂前添喜氣　暮景安然子孫繁
十二　利於青岳兩邊行　星宿過酉十二宮
过酉　母命屬雞之子　同庚父母壽如松
亥度　若交下五兩災殃　消閒花草自芳菲
过丑　同氣連枝存一體　兄弟二人没路名
十度　名向渡親庚相清　只在四星宿過度中
过午　仔細推算定無差　父是屬狗母屬鼠
十五　上五年中皆不利　下五戌字保平安
过戌　子息遲早定天然　六星拱照在人間

木

十六 本入亥宮細推詳 樓臺空主見刑傷

过亥 父命屬猪先剋去 就如春似枯楊去

九度 抱蟬相守受辛勞 星宿十度未上搖

过未 母命就相宮先去 父命原來鎖二爲

十度 一對夗央見宿孫 少長同衾不一般

过酉 夫主數大二十九 夫唱婦隨永團圓

四度 子息空中命安排 人生豈能強求來

过丑 妻宮年方十八歲 月中丹桂一枝開

六度 分宮過度細推尋 暑去寒來秋又臨

过巳 生辰七月初八日 正有父母見元辰

十六　運行癸亥莫強為　須防惹患來大星危
廿亥　平安下五亥子晉　進壽添財事々宜
十一　端莊枝上丹桂香　共枕同衾兩妃央
廿未　妻宮々年方二十歲　壽生一子在蘭房
六亥　節近春秋菊香松　窗前偶見一孤鴻
廿卯　生辰七月十八日　景物清奇中元生
八亥　命中八字空年疑　閏六月生初六期
廿未　堂上雙親是光重　一生福因在晚時
八亥　六刻生人貴飛騰　夫子進士天下揚
廿卯　封章疊門重々至　威名遠播鎮邊疆

水

一度　水星过子一度纤　濛濛细雨共清风
过子　手足空中无依靠　孤自一人出门庭
五度　三刻生人贵飛騰　父子儒業對聖吴
过寅　代代荣登贵金榜　倍受皇恩福禄绵
十五　八字生在孟秋天　降生七月是十三
过戌　拨转乾坤真可羡　玉簪花開顯雞冠
十一　五刻生人宜居左　夫妇同説皆白髮
过午　妃央弄翅同歡急　暮景尤盛福壽星
七度　时分五刻福禄清　命中父子顯文星
过寅　金榜同登重重贵　门庭濩濩進士以

十三　皆自鱼游来水欢　蝴蝶并翅舞翩翩

过申　只因时分六刻空　夫妻本就是同年

十一　紫红花开映日红　月正团圆分外明

过戌　二十三上妻生子　早年清闲晚年荣

七度　堂前白露将中秋　天际题挂一月钩

过寅　生辰八月初三日　泼泼鸿雁过前楼

一度　薰风送暑万物荣　枝头蝉噪盼金风

过子　闰六月生二十一　葵花开放子子初成

九度　三刻生人最久明　父子重荣一举盛

过寅　意欲身赴琼林宴　奈何无缘未题名

火

二度　火躔过丑二度行　手足害中莫得清
廿丑　同枝一氣成一體　兄弟二人俱顯名
五度　姻緣相配效鳳鸞　月正中秋顯其光
过丑　最喜晚年丹桂茂　妻主乾大十五歲
十二　妻財子祿定先天　夫主原大二十三
过申　蘭房二十零一歲　妻奇喜生一兒郎
七度　身命二宮度數間　生辰七月二十三
过辰　秋景清涼明月夜　父母喜奇笑聲喧
五度　喜上添祝為後先　星辰註定理固然
过子　父命屬鼠先歸土　母命屬龍福祿全

十一　生辰八月十三日　幾度春光幾度金
过申　时过中秋雁南遊　金風送暑喚秋蟬
九度　太陰过申九度行　五星安訣最分明
过申　兄弟九人你居長　同氣連枝一體生
六度　庚日癸未时坎犀　方信詩書不悮人
过辰　服金衣紫身榮貴　一舉成名天下聞
六度　流中犯时九曜星　惟男却是不能生
过寅　此殺逢之若還不斬送　宜主孫殘一場[illegible]
十五　流年若是逢文曲星　箕斗功名必[illegible]求
过丑　準備文章皆得意　脫藍換紫入[illegible]

土

三度 土星过寅三度临 紫荆花开茂盛春
过寅 手足宫中分次序 兄弟三人共為尊
七度 土星过午七度间 火轮题掛在中天
过午 闰六月生初七日 天张火命旺人间
十二 太阴过卯巳卅東 蝉声悲哀畏秋風
过亥 七刻生人致鸾凰 千里姻缘福寿昌
九度 鸾凰和鸣夫妇齐 二人同犬入洞房
过卯 庚日甲申时旺生 儒林世业显峥嵘
十二 四刻生人显禄奇 父子同荣庙榜题
过未 志合英雄傳天下 戰佐山宫榜题名时

十三　男女室中何時生　姻緣相配似芙蓉

廿己　妻年二十生一子　门庭喜氣福祿增

五亥　金風送暑二眉峰　再憩芙蓉兒竟鳴

廿丑　生辰七月初九日　紫燕成羣雄盡庭

十二　四刻鴛鴦水上游　尋樓芙蓉月照樓

廿巳　夫妻同是隨拄杖　竹影松花卧白頭

十五　運入酉宮主不祥　忽然驚散兩鴛鴦

廿酉　逐失逐同哭又咲　更見蘭芽晚更華

十一　蕉風吹動荷花來　堂上雙親兒鬼郎

廿五　四刻生人交運奇　刺骨懸梁用心機

龍

十四 就法过戌孤寡生 度行十四月不明

过戌 母命是牛先去世 父命卯兔[illegible][illegible]家風

十六 妃央迷犀雨下哭 大運交戌主分離

过戌 重婚再娶寄生定 無數無續方為奇

十二 記得亥猪是父君 母親是牛真又真

过戌 先天後天星桃定 當此时人仔细寻

六亥 暑去秋来景物新 雞鳴花下出籠鮮

过寅 生辰七月十四日 母子相逢两平安

十亥 五刻生人福祿重 胸藏文章大人通

过寅 泮水滔滔出又入 黉门森森分二名

七度　荷花出水映日紅　妃失之交頸雁同鳴

过申　失主必大の十五　離如翠竹配蒼松

八度　秋末时景甚巧宜　風吹荷葉似黃金

过辰　生辰七月二十四　降生人世在紅塵

九度　雁过南樓聲〻鳴　棠棣開花好正香

过辰　同氣連枝秋年見　兄弟八人你二名

九度　夫婦二人同地扎　生逢六刻至百年

过申　蟬聲嘹亮柳陰中　歲月去是似金風

六度　七刻生人井中閣　聖賢經史苦心研

过辰　游洋二次人分定　仍享子貴福綿〻

紫

十五 紫微纏妻度數行 過度十五入亥宮

過亥 凶命刑衝先去世 卯危父壽不長松

十二 妻財子祿有生定 子息早晚不飛輕

過未 妻宮年方三十二 喜有喜生一兒童

十度 春暖花開艸木榮 棠棣茂盛枝葉青

過卯 兄弟八位存一雙 次序之中派二名

十度 五剋生人宮姻緣 月老配合非偶然

過未 夫婦同庚是猿猴 雪髮婆婆福祿全

七度 時當金風正新秋 蟋蟀在壁雁南遊

過卯 生辰七月十九日 凶子恩克必此當

五度　姻缘相配々间稀　苍松枝下挈竹楼
过戌　试问玄关年多少　原来大伊四十七
十度　秋末景物自萧條　月望仲秋日见高
过丑　生辰七月二十九　辛々苦々受孤数
十八　星宿过度如梭穿　栋萱恩泽若海宽
过寅　五行纳音雙観和　父母同为水命安
四度　辛日丁酉时禄排　必作瀛州学士才
过寅　衣冠楚々荣祖宗　仕禄悠々百福来
七度　雁塔题名过午宫　雙飞羽翼雙又全
过午　星宿分野时人羡　兄弟四人决三名

文

十四　花為玄開正逢春　丹桂枝頭滋味深
过酉　妻生子年三十四　芭蕉一樹下產麒麟
九度　秋來佳景正蕭條　月望中秋漸漸高
过巳　生辰七月二十九　父母生身受劬勞
三度　辛日戊戌時定局　月出清海照陰光
过丑　玉堂金馬人爭羨　富貴榮華姓名揚
十一　夫婦原初同是緣　就如梁鴻配孟光
过戌　時逢金風近秋天　天氣日暖正清閑
七度　閏六月生十七日　呱呱落地來人間
过丑　父命是牛先去世　慈母原她守孤孀

十六　文曲纏卯过戌宮　度行十六必作凶

过戌　如命若牛先去世　父母若鮑不吉利

十八　双親庚和細推詳　文曲入戌是神光

过戌　父命若狗必若兔　父必先亡在子堂

十三　午時生人氣量寬　恩人無義不在言

过午　早年失敗晚年好　骨肉無靠受熬煎

九度　五刻生人定刑沖　剋妻再娶若牛庚

过辰　常格益語如吾貴　夫婦和美百年榮

十度　温涼加減用得高　功滿杏林君壽就

过午　癸巳從教季夏天　清家玉露福壽延

武

十七 武曲纏卯过亥宫 度推飢必壽先終

过亥 父命屬豬壽光好 晚年安樂壽如松

十一 生逢寅時貴又尊 威風凜凜壓眾人

过酉 腰金衣紫千鍾祿 護國馳名大將軍

十五 武曲过亥纏卯星 配合婚姻分五行

过亥 父命屬狗必是兔 渡渡男壽如青松

十四 人生未时最出奇 骨肉無情自譏議

过未 恩人無義反為怨 早敗晚成福祿齊

十三 生辰初九閏六月 父必壹寄咲家生

过亥 事無不遂家業興 猶如雲散月光明

十二　行年與計武曲星　六畜不利破財凶

廿午　男命逢之出外好　大忌陰人召災星

九度　逢辛妃央受驚慌　生逢五刻兩分張

廿未　重姻再娶尋羊和　方保安然召吉祥

十一　運行丁亥福祿生　出入和順財祿豐

廿亥　事事和順家道發　正如雲散見光明

七度　武曲過辰七度行　手足宮中分兩情

廿辰　兄弟三人同一體　雁行只有[illegible]如二春

一度　一度行之資寶珍　武如初度細推尋

廿子　父命難留先赴去　如親騎馬目沈吟

陰

二亥 大陰交纏寶瓶宮 父亡母鼠妻先終

廿子 母親母早晚歸泉 壽如南山不老松

十二 丑時生人最英雄 統領貔貅百萬兵

廿戌 萬鍾福祿高貴極 安食天祿榮祖宗

十一 加減古脈真奇巧 濟世好人累信功

廿辰 日輪懸掛正中天 浮瓜沉李在月夜

十亥 六刻生人主重親 分散妃央文頭恩

廿申 再娶猴牛配成對 庭前蘭桂福祿榮

二亥 妻鳳飛去孫子完 比頭不似一盆蘭

廿未 命中註定夫早失 孤兒寡婦度日難

十四　寄居月老定婚姻　一枕妃央素要瑜

廿酉　夫主已小十生離　晚年生子方稱心

十二　季夏炎天似火燒　樹上士吆鵲不停叫

廿酉　閏六月生十八日　必是童寄士吆氣生

十亥　生逢六刹花燭重　妃央分散再尋盟

廿酉　續妻猶馬成桐配　桃杏花開映日紅

五亥　先天注定年時生　命宮玉殿顯名聲

廿未　腰纏金玉身榮貴　晚年必定受皇封

五亥　生辰八字の刻清　講論風水遇人驚

廿卯　草地灰線脈穴空　好觀去水此未詳

陽

九度 太陽过午日中天 手足宮中仔細參
过午 兄弟五人宗最小 五星纏度去傷言
十五 八字合宮正是緣 先主空小十一年
过戌 此理不易今生定 一枕妃央永百年
十六 枯梅晚景花開遲 附壽款云孫子實
过戌 命定妻宮四十七 七八得貴子晚年壽
三度 太陽过寅三度分 如親駙馬百年春
过寅 父親屬虎先去世 悠悠陽陽命帰陰
七度 八字巳时向君王 富貴榮華受皇恩
过午 腰纏金帶朱佩玉 烏紗象簡謝君王

柳土獐

兎

五度 一輪明月出東端 青松翠柏倚青山

過子 生辰間五端陽日 昕昕降地出人間

一度 新春金柳葉色鮮 初步年限方十三

過子 人間喜得從天降 少年早得見兒男

二度 運行壬辰多多通 春來金開日日紅

過辰 家道和順人丁旺 福家興旺喜自生

十一 命中格局更非常 氣吐虹霓姓名揚

過申 猴父前柯里部春 兩如同庚壽延長

二度 二刻生人再續弦 狂風吹散并蒂蓮

過子 注定再娶二房和 白頭到老永百年

九度　炁星过卯九度游　行宫交缠柳土猴
过卯　父慈母胤安排定　双亲寿延百年秋
一度　巧手丹青长聪明　同心劝年算端雄
过辰　米氏山水传神气　画中高名写雅名
二度　乳坤一概皆春色　生辰七月二十七
过卯　运行癸卯福禄生　家以迁移大宗家新
五度　鸿雁高飞俊天起　双双对对寿更齐
过亥　兄弟四人尔最小　兄中宫存一石安
七度　蟒衣御马不离宫　玉带又挂在腰中
过亥　只因亥时尔身降　出入皇宫内外行

孛

六度 孛星过巳六度逢 交躔柳星宿主凶
过巳 父命屬馬先去世 以親屬馬要同庚
十度 運行癸酉主灾殃 口舌破財須隄防
过酉 家门不幸事紛紛 無端煩惱把心傷
二度 妻子屬閒子初年 終年常且在兒童
过丑 妻逢十八同貴子 祖父出外長嘆窮
十度 孛入双女宿分明 星排子度定年庚
过巳 桂蘭並茂皆有春 父是屬地出為龍
六度 財帛由什友逢吉象 百年子秀萬去正紅
过丑 閏五月生初五日 晚景財源更豐盈

十度　孛星亥纏度數行　過辰十度定為清

過辰　南山四皓難比美　父是大龍必小龍

一度　花開正逢艷陽天　又被狂風折枝梢

過子　蘭房二妻多子美　只恐君子少兒男

九度　運行甲申不宜通　宜防破財疾病生

過申　收帆下罩風波起　躲過又入虎口中

二度　六親生人主續弦　大風吹散并蒂蓮

過子　剋妻再娶只免禍　鸞鳳和鳴永百年

十二　命宮註定理不虛　乘夫抱病家眷去

過申　你年三十又二歲　紫入皇宮步瑤池

羅

十二 甘羅十二登科早 命坐雲水星遙遠
过戌 尔尹素抱長虹志 五十七歲步天衢
一度 大運丙午木逢甚 門庭吉祥百福臻
过午 富貴待時必有分 和氣平安喜欣欣
二度 人事和然配姻緣 二十七歲生一男
过寅 蘭闈夜雨滋秀芽 孫秀為宦理自然
五度 喜聞孫子貴寶珍 尔尹積德陰功深
过丑 二十六歲得一子 快意欣欣好稱心
七度 月明星朗清天光 蘭房三秀桂衣香
过丑 命宮注定子息少 福祿綿綿壽延長

十二　羅猴星躔參水猿　分宮過度定不安
過未　此命屬狗為福壽　半父必先歸黃泉
四度　羅星過卯不為凶　逢參向度助禎祥
過卯　父屬鼠兔此屬馬　福壽如松山海長
十一　人生八字定長移　福祿榮華不能齊
過亥　生辰十月二十八　朔風透户是亥娟
一度　夫命卯宮主投瞻　姮娥相近多子孫
過卯　卯科方發遇青雲　辰歲未當天下傳
十度　運到乙未身不安　破財口舌及事牽
過未　好似殘花遇雨淋　只宜保守不貪

計

五度 前生姻緣保双全 妃央同枕不同年

過寅 妻大丈夫十五歲 老陰少陽將自全

一度 妃央折散分東西 因生三刻主分離

過寅 重姻再娶方免和 月老指定不差移

五度 生辰二刻主配婚 棒打妃央兩下分

過辰 剋妻再娶方諧和 月老千里牽絲親

一度 計都度星參出猿 猿過辰宮五星觀

過辰 父親是龍兒是馬 先天註定龍保然

三度 計都星纏指逢申 双親位上必刑傷

過申 父命屬猴母屬狗 父命先亡母身存

七度　計都躔中最為强　过辰七度信要傷

过申　以前發達歸泉下　父前母後福壽昌

六度　兩限運行五福臻　家道投初吉星臨

过辰　人口和順為吉慶　庭前桂柏枝更新

一度　東風吹動春台天　要小一歲可平安

过子　鸞鳳和諧妃其對　美滿姻緣百年歡

九度　命宮子年甚拔蟾　拍手三秋占魁元

过未　未年得遂雲宮志　獨占鰲頭金榜傳

二度　運交丙申主殃災　錢財不就意驚慌

过申　子有危險迫性命　吉星解救也自此

金

十二 金經月烏兮造化 父母猴相如是說

過申 菊花開放正欣々 雁過南樓空中鳴

一度 朗々明月浮雲端 藹々祥雲罩廣宇

過辰 得生男兒信功名 青春十八生兒男

三度 生辰九月初一日 雙親堂前添一丁

過子 昔菜結實半夜天 靈胎滿足降人間

五度 金星過子喜相生 棠棣茂盛枝葉新

過子 紫荊雙秀生瑞氣 兄弟四人尔三名

十五 金星九度甲子游 星宿交纏反為仇

過申 兔如先作泉下魂 父乃堂前福祿增

壬度　生逢四刻主此经　一枕妃央不孤独
过辰　室内再要添伟相　夫妇相守百年秋
三度　金星过子三度临　只喜驰财换青衿
过子　他日天翻要职位　威权百里晋万民
一度　妃央交孩只有孙　妻宫一定小二年
过丑　夫妇正配结佳偶　百岁福寿两俱全
八度　命里星过巳八度缠　父是猕猴在中间
过巳　必被猕马定信短　一命呜呼赴黄泉
丑度　雨中猕毛风中蚂　弃甲丢兵如乱军
过丑　仲秋霜降冷衣命风　人在了楼如蝉声

木

十五 木德星君過戌宮 度行十五怕猴冲
過戌 堂上雙親同於猴 父先去世母身榮
七度 木星過午去為忌 雖然分宮七度真
過午 若知二親何有利 同是於馬去後傾
十一 運行戌年大宮通 逢運去後添財福祿生
過午 年值十年為來太 五福臨門百事興
九度 木星入子獅子宮 必然先亡自小就
過午 過午九度於猴人 教養子桂揚芳名
五度 運行戌戌主破財 兄妹不了招交安
過戌 出入駁謀多不順 多虧月德救護來

六度　暮景花開九重寅　凡事稱心好風光
過丑　丹桂逢秋晚立子　今歲正度五十年
三度　歲值仲秋暮景天　金風吹動透窓哀々
過丑　閏七月生十七日　哀々堪凄涼景色新
十一　運交行巳雪加霜　男女宮中主刑沖
過巳　丹桂花開遭風雨　蟠桃已熟遇狂風
五度　春夜々花新葉將稀　々金烏一輪已沉西
過寅　四十九歲生一子　枯木逢生發新枝
四度　金風陣々雁南棲　既過中秋景色收
過寅　閏七月生十二日　滿池荷花任漂流

水

十二　大運交午命不通　定主子息見悲聲

過午　晚秋難逢秋後子　破財心神不安寧

五度　二刻生人定為刑　鴛鴦折散另為盟

過亥　剋妻再娶是地和　青竹無花映日紅

十三　慈母難地先歸土　父命難雖妻如松

過午　命宮註定顯文星　蟾宮月宮折桂榮

六度　前世神前燒高香　蘭房和配好鴛鴦

過巳　人間喜事三件整　子孫傳家百福祥

十一　生辰九月初七日　雨露後生光自安然

過巳　妻妾宮中仔細詳　星辰過度入巳宮

十一 一般天子一般臣 星宿过度算得真

过亥 戊年举子從來少 金钗侍膳亥年得

五度 大運巳未主峥嵘 詩書順利藝心情

过未 家業從此初為吉祥 松柏逢春枝又青

一度 妻宮之克然兼得稀 身從五八長希奇

过卯 四十中年得一子 丹桂秋來發新枝

五度 水宿十度过未宮 參水交纏主刑沖

过未 說女必定先剋去 孩父為妻保堂中

六度 家下梧桐引鳳凰 妻宮之一定小二年

过卯 猶孫鉢狀如央鉛 夫唱婦隨永百年

火

一度	金风吹动近重阳	荷衣初经绵绣粧
过酉	生辰九月十二日	秋菊开放满园香
十二	命中注定子息寡	时带休囚晴刑冲
过午	纵然结子难存立	安分之子送终了
一度	人生若太不能凡	子息迟早只有缘
过子	三十岁上得一子	晚年得子自清闲
十一	大运庚戌最为强	家门有幸福禄昌
过戌	凡事谋为添吉气	庭前兰桂争秀香
二度	五刻生人主刑冲	风风雨雨不称情
过辰	克妻再娶方免祸	夫妇交结福寿同

三度　四十一歲方立子　晚年清閑月漸高
过子　季秋將盡立冬天　雁过南樓葉落尖
九度　生辰九月初五日　晚年衣祿自然添
过辰　星宿交躔过辰宮　夫婦一空犯刑沖
二度　生辰一刻文星乘　頭帶儒冠飛需才
过子　武舉作著生殺氣　運臨旺地譽揚開
一度　金風飄飄冬秋辰　蟬聲離窠月出遲
过辰　閏七月生二十一　元辰降生招尺知
二度　大運交來不為強　草上浮霜見太陽
过未　子息何勉才不破　身心不安淚雙行

土

八度 樂天知命是五行 枯梅晚開耐秋風

过辰 洞房花烛照天降 四十九歲得兒童

二度 土星过申花照重重 父命是持福祿增

过申 此命是算且為壽 凡事順利件件通

十度 運交申子主大驚 刑剋子息見哭聲

过申 家門不幸財耗散 乖舛未熟遇大風

四度 菊花開放秋將老 正當九月十五日

过子 時逢仲秋金風日 賓雁聲聲往南返

一度 遠望孤雁聲聲絕 失侶鴛鴦子鵑血

过巳 剋妻再娶妃央對 月冬冬配空是伏地

六度　一枝丹桂在廣寒　嫦娥栽插在人间

过子　泉年十二游泮水　果然特特壓少年

十度　一朝少年登紀史　二十一歲生兒郎

过申　丹桂庭前生瑞氣　清门福祿納祯祥

八度　土星入命玄又玄　身入虛空福不全

过巳　只可納榮為同舍　終身天祿永綿綿

十度　四柱分明坐南峰　棠棣庭前瑞氣生

过辰　兄弟三人在一堂　次第排行泉為終

二度　運行甲子禍重重　口舌破財不安寧

过子　家道不幸主災害　雲迷日月少光明

龍

十度 龍星照身度數差 命宮入巳巽風刮

過巳 安祿宮中吹恩主 空入國學得監納

五度 大運交臨到乙丑 災殃禍患般般有

過丑 謀算每動財耗散 人丁不安竟長久

七度 金風吹動菊花香 滿園花木怕降霜

過巳 生辰九月二十六 父以壹齊壽見光

十一 薰風送暑似火盛 百花結子等木鮮

過酉 閏六月生二十日 一生榮華在晚年

八度 胸懷豪氣正少年 成家得意在眼前

過丑 紅鸞入命試孫彰 榮登泮水光祖先

三度 行拂亂其所為了 也主口舌也破財
过子 運行丙子主生灾 日月交迷不稱性
十五 子宫位上犯刑冲 生命宫主招螟蛉
过申 此外兒童作眼戲 本來不是自己生
九度 妃共一母孫妹双 二十三歲生兒郎
过申 丹桂庭前生意了 松柏梅花分外秀
十二 棠棣茂盛同院秀 鴻雁飛騰任翱翔
过辰 兄弟三人尔為中 長幼必了破常傷
一度 女命生逢四刻真 时常孤鸾剋尔身
过卯 再娶方免齊眉案 夫唱婦隨恩情涼

紫

五度 紫过寅宫五度游 贪财流经月乌丝

过寅 父命属狗先起去 母命属猴添寿算

十度 紫微失限命无情 身中暗里疾官星

过午 据然未作皇家栋 亦沐君恩冠带荣

十度 青春少年喜气运 二十三岁生儿男

过戌 满门紫气自天降 一生顺利晚安闲

四度 运临丙寅主身灾 是非祸患一同来

过寅 文运不通休妄动 只宜安分免破财

八度 朔风凛冽透天寒 黄叶纷飞满空间

过午 生辰十月初一日 堂上双亲生喜欢

十二　三秋昭表起金风　菊花开放如金铃
过酉　秋雨过后迎冬至　九月二十七日生
十度　夗央配合正相宜　正值风清月明时
过酉　二十四岁生贵子　兰桂逢春发新枝
八度　寒窗十年苦用功　胸中豪气吐长虹
过丑　二十一岁先入泮　脱蓝换紫光祖宗
一度　运行丁丑福重重　口舌破财事不生
过丑　命宫吉星多解救　家道富足手足情
九度　巳时生人柔又刚　也争阴来也争阳
过巳　未登金榜身荣显　出入宫中近君王

文

十一 玉帶文犀腰中懸 蟒衣海馬佩身邊

過午 傳宣論語身榮顯 尔身正降午时间

七度 文曲星纏馬入宮 猴兒入山林与虎争

過寅 父命屬虎先歸土 母命屬雞福壽增

十三 園中清樹花正鮮 月影移照又生圓

過戌 君子正逢中秋景 二十五歲生兒男

五度 運行戌寅不亨通 出入作為少成功

過寅 破財口舌疾病至 人丁不安宅不寧

十六 女命註定六刻生 此命必定尅子宮

過戌 百年孤身无依靠 領取人子充兒孝

六度 文过宝瓶主孤单 皆曰交缠参水猿
过子 父命掌鼠先刲去 如相共犬寿百年
十二 勿怨生来不逢时 阴阳相配孙子宫
过申 五十四岁归一见 犹如枯木生新枝
十度 文缠甲宿过辰宫 读書诗书能文生
过辰 生年五刻煞星现 武将建功光祖宗
十一 夫君注定掌鼠人 天生带破在其身
过丑 纵然身上未带破 必定二姓免刑傷
十三 妃央相配不同年 妻小九岁归安然
过申 夫妇同枕如鱼水 似同知先求百年

武

六度 武星交疆参水猿 六度过丑主不安

过丑 父母欲説赴九泉 如今致地守孤单

十四 皆因月老配姻缘 妻宫一定小五年

过寅 美巧伉俪风云会 和协夫妻永百年

一度 六刻纷帐主重娶 好似菱镜跌破塵

过巳 洞房再娶欲大如 孫保齐眉百年春

七度 参水猿疆武曲星 过巳十度七刻生

过巳 文业不能修武志 孙子兵法在胸中

五度 运行乙丑又寅星 官司口舌多不平

过丑 出入疆界多阻滞 财帛散尽一场空

五度　運行戊辰灾禍臨　幾番不遂少精神
过辰　必主口舌破財至　兄弟欠順多爭端
三度　分定过度論命星　変股窩喬似鬼形
过子　若無先破必夭折　晚年衣祿自然亨
九度　交結為兼近新冬　萬物凋零有竹青
过未　生辰十月初七日　晚年安康福祿盈
六度　運至己卯禍重重　破財口舌不安寧
过卯　家門不利生疾病　兄弟凶險有虛驚
九度　今朝雖且渡津水　果然平安上天梯
过卯　命里註定未时人　前生已結妻子恩

陰

六度　大運交歸巳庚辰　災殃禍患來同類

過辰　謀為凡事欠順利　又遭煩惱病來侵

六度　樂天知命足平生　子息過度不能强

過子　父命難寬必地和　福壽康寧百歲人

十度　金風一夜草不佳　丹桂庭前發新芽

過申　生辰十月十二日　朔風吹動水鮮花

十四　空中鴻雁叫氣空　兄弟八人一排連

過申　余身於六分造化　其中必有不皮然

十二　二十八歲身游津　先有耀後有芳名

過申　執掌官為左內宮　賢能貴於後妃氣

六度 太陰过丑定分明 六度雞鳥喜氣生

过丑 妻子双妃均及寿 父合發牛头足談

十三 運至巳丑主興隆 凡事謀為趁心情

过丑 家门康太添吉慶 丹桂庭前枝葉榮

十二 财帛田宅遇恩星 身宫又生天乙行

过寅 身受刑傷氣不美 不是三文五論缺

二度 太陰入丑月光輝 二度行來仔细推

过丑 兄是發物先去世 父是馬和寿無移

六度 大運已巳艱難多 江上行船風浪多

过巳 家门不利人丁病 口舌破財少和合

陽

一度	太陽過寅正東升	萬里長江月不明
過酉	二十九歲得一子	父先歸西母也冥
十二	菊花開放正三秋	鴻雁南飛不回頭
過戌	閏八月生二十五	堂上双親去世休
十度	秋去冬來花凋零	菊花得緑月初生
過午	元辰十月初四日	安然離経女子榮
八度	一對夗央碧秋天	明月佳節宜頻眠
過午	妻宮剋牛生一子	和美夫婦是宗孫
六度	運行壬寅去世重了	寅卯口舌必作凶
過寅	出入不利財散去	無端煩惱有交驚

十二 運行亥寅生崢嶸 家門安太福祿生

過寅 出入作為皆如意 猶如明月照當空

十五 手足空中遇太陽 兄弟三人不缺隻

過戌 雁行次序不在中 一雁相同分高強

七度 太陽過寅正東升 兔鳥交纏合有情

過寅 風雲聚會高晝樂 父合我屬如星就

九度 太陽過午九度祥 交纏兔鳥有刑傷

過午 父合我馬安信促 如合我猴福祿長

一度 太陽過寅正東生 交纏二度父先終

過寅 凶多吉少心不遂 衣祿不多寅星冲

巨

十二 朔風凜冽處處寒 衰草凋殘葉更黃

过亥 生辰十月二十六 秋收冬藏各歸程

八度 星辰过度定天倫 樓臺恩情似海深

过卯 父命屬兔福壽長 誰知壽延百年春

十一 棠棣花開各芬芳 兄弟六人是三娘

过亥 一奶同胞存四位 福海滔滔數且長

一度 一九運行大有通 喜氣洋洋溯津言

果 度寬宏志折丹桂 萬里青雲足下生

十一 運行辛卯主豪門 十年之內喜欣欣

过卯 出入謀為皆如意 一輪明月照乾坤

日生

炁

九度　过辰　一度　过子　十一　过申　四度　过卯　五度　过子

炁星缠馬过辰宫　摇身必定是虚驚
若问双親同是寿　母命是狗父是猴
二刻註定子息宫　丹桂堂前一子成
後代子孙多兴旺　家道祯祥福禄荣
安身立命見元辰　柳垂金色遇新妻
生辰二月十三日　灵胎一落見双親
運臨丁卯喜峥嵘　凡事称意自然成
千江是水千江月　萬里無雲千里明
孟秋佳景蝉声高　金风吹動百花精
生辰闰七月初五　丹桂庭前產异苗

星門

十二　繞水荷花朵朵红　外央戲水好相逢
过未　妻宫屬狗生一子　家道吉祥福禄荣
十四　外央並翅过南樓　燕无莺舞妻屬猴
过亥　财逢七刻参差錯　夫歸相合到白頭
八度　合立卯宫主文明　胸中豪氣走雲空
过卯　酉科必定登郁榜　果然平地雷一声
十度　先天註辰定财生　東西田畝自耘耕
过未　禾稼登塲心快樂　秋冬報賽謝神明
七度　命宫八字註先天　星宿过度参虛后
过亥　金榜題名虛富貴　演武修文作戲頑

孛

十度
过巳
二度
过丑
十二
过酉
三度
过子
六度
过丑

孛入巳宫显神辉
双親宫中仔细推
堂上二親同壽
父命屬蛇母犬庚
金烏玉兎走東西
生逢三刻根君知
孛星过丑度數定
丹桂堂前一子奇
春光百草始萌芽
楊柳垂金喜氣奢
借問生辰在何日
生在二月正十八
推查子息立命宫
孛过星子三度行
長子若立屬鼠相
丹桂庭前一子成
金風吹動桂子排
孟秋天氣玉簪開
閏七月生初十日
晚景榮華百福来

五度过辰 大運戊辰福祿臨 出入利益坐家門

十三过申 凡事亨通財源茂 福氣滔滔氣象新

五度过子 妻命屬龍犯刑沖 微忌帶破左共中

九度过辰 若是身上無帶破 必主夫婦各西東

十一过申 學星纏馬过子宮 雙親堂上樂去風

父命屬鼠母同相 一世安然福壽平

命立辰宮魚化龍 氣吐虹霓上九重

午科姓名登金榜 鹿鳴宴罷瓊林逢

命宮逢之知財生 衣祿食祿漸亨通

朝夕呼童耕田畝 五谷豐登倉庫充

羅

十一　陰陽交化本無穷　踐露天机怕雷公
过午　父命屬龍母屬狗　一世安然福無穷
十三　应时过亥正和风　雨露前後二月中
过戌　生时正是二十三　一輪明月暮当空
三度　羅睺纏馬三度行　芭蕉葉下麒麟荣
过寅　蟠桃枝上结一果　因生四刻一子成
四度　細推子嗣招九成　丹桂枝上子規鳴
过丑　一子傳家為後代　庚相屬猴衣祿豐
七度　时值秋景有花殘　寒来暑往白露天
过寅　閏七月生十五日　人在高堂月满員

星乂

六度过巳　運行已巳勝往年当旦喜事好几番
　　　　　出入求財皆如意家门吉慶自安然
十四过酉　妻宮配合屬狗人必主带破克夫身
　　　　　若是此人無带破夫婦多散主二姻
七度过丑　坎离交姤乾坤对双親庚相逞中求
　　　　　椿萱並建同旦寿母命屬鼠父是牛
十度过巳　命立巳宮主文明錦绣珠玉蘊胸中
　　　　　午未必登龍虎榜封章花提上九重
十二过酉　寅时生人主清吉芦舍田园自棲遲
　　　　　春夏耕耘田畝計秋冬庫倉自充实

計

十四

过亥

四度

过卯

十二

过未

五度

过寅

八度

过卯

春风吹動艷阳天 紅杏花開處满园

生辰二月二十八 一枝桂花立堂前

星宿交纏过卯宮 八字註定五刻生

满樹花開結一果 梧桐枝上凤凰行

安身立命妙难言 双親位上細〻參

父命属羊母是狗 宜福宜寿百年安

春至花開景色鲜 枝〻接續喜番〻

兩枝丹桂堂前立 長子属虎定生年

牛郎織女已过期 百花將殘子结实

閏七月当孟秋景 二十降生福祿齊

星子

七度過午　運行庚午木逢春出入求財自然臻

家門興旺定是子生喜貴高俱遂心

十五過戌　鶯語紛紛未遂情处央子散別尋盟

房中再配屬龍相月移花影到堂庭

四度過寅　帶雨松竹新又新乾坤交泰定天倫

父命屬虎母是鼠更得生長不老人

十一過午　命立午宮文業生羨君豪氣吐長虹

酉科秋桂登虎榜戌歲春鰲成英雄

十二過戌　丑時生人命尋常終身必作田舍郎

春耕夏耘受辛苦秋收冬藏足餘糧

金

十三过申 五度过辰 八度过未 六度过卯 十二过子

金星纏馬过申宫　行度十三细推評
百年荣華双親樂　父命屬猴母犬宫
一樹好花不遇春　生逢六刻半發彰
金星交纏孤星至　送終子息止一人
運行辛未主發財　凡事謀為称心怀
门户平安人興旺　福祿積祥一齊來
長子申生定命宫　先天註定屬猴生
果然二子堂前立　五星纏度見神明
五行八字論命宫　暮景堂前丹桂生
辰元本是十一月初一降生福祿增

星亡

十六 瑶琴正舞忽断弦 先偶死央左西边

过亥 剋妻再娶属狗相 谪〻谅〻永百年

九度 中秋佳景金风摇 寒蝉声噪剩枝稍

过辰 闰七月生二十五 雨洒秋桂发妻苗

八度 先天注定造化根 堂上双亲判的真

过卯 母命属鼠父是兔 双〻足寿福禄均

十二 命立未宫蛟化龙 酉戌飞腾上九重

过未 折桂秋兵登月殿 戌妻建捷每建登

十四 命中注定子时生 孤工孤商务庄农

过亥 妻种夏锄秋收了 冬来堂上乐盈盈

木

十四
过酉
六度
过巳
九度
过申
七度
过辰
十度
过巳

劬劳養育父母恩　只要时刻定的真
木星过酉十四度　父命属鸡母犬身
七刻生人命定真　一生造化福禄均
命定一子传家宝　接续後代免刑侵
運至壬申财源典　十年之内大豐亨
风平浪静大稳舟　雲收雾散显光明
男女宫中细推详　長子属虎歲月長
庭前丹桂花茂盛　蓁蓁三子福禄强
夢间忽然見祥光　丹桂庭前味佳香
到七月间中秋至　生辰三子福禄强

星上

三度　二刻配合姻緣成註定屬帑是妻宮
過子　並頭蓮花開更羨無刑無沖福祿增
十一　歲暮寒冬梅漸榮景色芬芳貴子生
過丑　元辰正是十一月初六生身是人能
九度　育養深恩共昊天父命屬龍喜安然
過辰　母命屬鼠元辰相百年榮盛百年欣
十三　命立申宮是文星胸藏豪氣吐長虹
過申　戌科帑榜從來少君今折桂喜氣生
五度　富貴榮華丙子核系宮過度時刻撤
過子　不登筮榜身榮是班演文武戲文來

水

十八过巳

七度过午

十度过酉

八度过巳

十一过午

水星过巳合尽性父命属蛇双女宫

母命属鼠知天命福如东海寿如松

三刻子时九人成主定家里一孤鸣

此身必注化流客一生造化大亨通

命行癸酉命大通出入求财利益亨

门庭利益人口旺安享福禄百年荣

先天注定造化根全凭时刻定的真

丹桂庭前生三子長子定是属猴人

秋来景物最萧条月到中秋渐渐高

闰八月生初五日父母生身受劬劳

星三

四度　二刻死尖並翅无千里姻緣再不回
過丑　妻宮寅相屬猴命共枕同床好佳期
十度　朔風吹動梅花綻浩然踏雪正行程
過寅　生辰乃是十一月十一降生塵人說
十四　命立酉宮蛟化龍胸中豪氣吐長虹
過酉　戌年身榮登飛榜從來少見世人說
六度　子宮過度定世間朝名配合假姻緣
過丑　只因財刻星極定四時揚名作戲玩
十五　清風明月兩相宜水星過戌細細推
過戌　父命屬狗安然樂母也同寅福祿齊

火

十九　火星过午归本鄉　父命属馬安然康
过午　母命元辰是属鼠　宜禄宜福百年昌
八度　四刻注定子息宫　蟠桃樹上一菓成
过未　身边带破天生就　晚景安太更豐盈
十一　運行甲戌自亨通　出入利益百事成
过戌　门庭興旺庇兒孙　富贵荣華在運中
九度　先天注定長子人　庚相属所会人欽
过午　堂前四子同欣慶　耀祖光宗百福臨
十二　金烏玉兔走西东　中秋佳節是金风
过未　閏八月生初十日　堂上丹桂枝葉香

星文

五度 三刻註定姻缘成五行屬所是妻宫
过寅 外央水面成双对更能内助家业隆
九度 星宿火星入命宫梅花初绽一阳生
过卯 仲冬正交十一月灵胎落地十六生
十五 命坐戌宫主超群身宫所笑共弦吟
过戌 蟒衣玉带王位分必是金枝玉叶人
七度 命坐虚星一时荣只因时刻是过宫
过寅 蟒衣玉带公卿分公子王侯假难成
十六 火星过亥是天门星成过亥理最真
过亥 父命属猪母是狗福寿如山百岁人

土

十九 斗持命宫月钩悬宇宙春回是新年

过子 生長正月初三日父母堂前兒二郎

九度 土宿缠过星中宫五亥生人一子成

过申 还主身边瓜瓞破暮景可保福寿增

十二 大运流来辛乙亥出入往来多通太

过亥 人生遇此十年景事事如意称心怀

十度 星缠土宿是为奇長子属猴已先知

过未 堂上丹桂枝葉茂四子庭前向礼宜

十三 百草结实花将残众星拱北紫微垣

过申 閏八月生初十日新古中秋月重圆

六度　三刻配合好佳期金菊芙蓉两相宜
过卯　妻宫定是属猴相家道興隆百福奇
八度　四柱必先看命宫星宿交纏度數分
过辰　生十一月二十一將來福壽似青松
十一　土星过未論命宫堂上双親白頭翁
过未　母親属鼠妻長左父是属羊壽比松
十六　身命二宫坐的佳命該富貴享榮華
过亥　世食天祿臨門户必是金枝玉葉家
八度　土星过卯論命宫孝子忠臣假難成
过卯　離合悲欢常常見蟒袍玉带也威風

龍

四度过丑
十度过酉
五度过子
十一过申
十四过酉

星宿交缠宫吉凶 新年解凍遇東風
生辰正月初八日 父母增寿又添丁
龍星过酉十度行 命中一子逞英雄
六亥分宫子尽破 若然破带子难成
今生姻缘月老配 一对蝴蝶共羅幃
蘭房花烛兆央会 夫君齐眉更属龍
男女宫中细推详 龍临过申为实強
長子属鼠为庚相 必是五子寵天恩
白露前后是中秋 鴻雁声鳴过南楼
閏八月生二十日 灵胎落地見源流

星卜

七度　四刻生人氣象新月老註定屬房星
过辰　鸞凤和鳴成佳配雪鬓双〻福氣深
七度　月老交尽大雪臨十一月内見元辰
过巳　二十六日降生世晚景荣太百福臻
十二　堂上双親定生年全凭过度星宿纏
过申　號星过申十二度父猴母羊母安全
三度　亥时生人田园居命中田宅俱不虚
过子　朝夕呼童耕绿野夜深教子念詩书
九度　星宿过度定的真算来由命不由人
过辰　紫袍玉带身荣显粧扮帝王作戲文

紫

五度　东风吹至三阳天紫微星宿入艮山
过寅　枯木逢春得雨日生辰正月是十三
六度　一輪明月出雲端將似嫦娥下廣寒
过丑　月老配定大君命宫是屬狗结姻緣
十一　紫微行度过戌宫生戌七刻一子成
过戌　身边必有风流破命該如此是奇能
十二　庭前丹桂長成林根深茂聚葉濃陰
过酉　長子君是屬猴相五子傳家福祿均
十五　黄葉飄々雁南飛露冷风寒始季秋
过戌　閏八月生二十　五丹桂庭前一子游

星七

八度
四刻生人定姻緣鸞交鳳友玉梅前

过巳
註定妻宮屬猴相夫倡婦隨永團圓

六度
松柏梅寒歲月深梅花開放雪裡侵

过午
生長臘月初一日命宮註定不差移

十三
五星能洩造化机堂上双親見元辰

过酉
不信但看双親相母親屬鼠父是鷄

十八
一生總是命安排挺盈風流俊俏才

过巳
離合悲欢早演戲古今與慶在胸怀

四度
戌时生人暮景昌朝朝耕耘足飲粮

过丑
心正身安足福祿享子崢嶸廣田庄

文

六度 清風明月遇元宵上元佳節在昨朝

过卯 正月十八是生辰堂上双親見根苗

十二 文曲纏星自然為梅樹花開一萬昌

过亥 成實必定是帶破財逢八刻衣祿強

七度 命宮註定剋夫郎棒打鴛鴦兩分時

过寅 弦斷再續屬猴相花柳逢妻自然為

十三 丹桂茂盛是濃陰庭前六萬長成林

过戌 若問長子何年至先天註定屬雞人

十六 金風吹動菊花無紫燕归山舞畫堂

过亥 閏八月生三十日桂柏蓁蓁翠松方

九度　五刻生人妻居宫暮景堂前蘭桂荣
过午　桃夭灼灼红日映月老注定姻缘成
五度　梅花初绽傲雪冰风摧竹梢叶更青
过未　生辰腊月初六日　汤地风雪浩無踪
十四　文曲过戌度数多　父命属狗福禄均
过戌　母命元辰是属鼠　双亲同保百年人
五度　酉时生人命安然　农业立身福禄全
过寅　仓廪充实田园旺　晚景蘭桂立堂前
十九　先天注定衣禄强　贵人见喜足余光
过午　音乐般般声韵美　耍笑歌舞在戏房

星仁

武

五度　武曲缠星五度移　金乌玉兔走东西
过子　父命属鼠母是狗　双双见寿百年齐
七度　星宿缠武过辰边　七度行之安自然
过辰　堂上双亲添丁喜　生辰正月二十三
八度　桃李花开正逢春　棒打鸳鸯西下分
过卯　断弦再续犬属狗　兰房双度又重新
十四　命中时刻定五行　岂解免强子息宫
过亥　长子若是属猴相　六子侍家送归终
十度　生逢五刻气象新　妻宫属猴结成婚
过未　鸳鸯双双池塘戏　荷花水中正芬芳

星以

十五
過亥
四度
過申
六度
過卯
十一
過未
三度
過辰

夜梦光辉过亥宫父命一生属猪生
母命元辰是属鼠画堂桂柏靠青松
雪裡梅花竹共青〻分青〻分白見日明
生辰臘月十一日堂上双親長笑容
申时生人有事亨庄農耕種自然豐
倉庫充实家门旺田宅尽尽福禄增
命中星宿不為佳堂〻象貌戴烏沙
廣記戲文與慶事一生荣贵緫虚花
命犯白虎不堪言空然食子少兒男
若不請師来祈送一生必定立子难

陰

六度
过丑
八度
过巳
一度
过子
九度
过辰
十一
过申

太阴过丑六度祥双亲位上两风光
父命牛庚母属狗衣禄滔滔百年强
父母生身宫昌荣身命二宫是吉星
生辰正月二十八三阳开太起和风
大运甲子喜重重岁月和风百事成
出入求财无不好家门康太遇贵星
夫命属龙宫根深必主带破在丈身
若是一身为破带少年难免灾殃侵
子宫过度六刻生妻命属鸡立寅宫
助夫兴家添喜事晚景福禄自丰盈

星限

五度　命立子宮昰文星胸藏孔孟入黌宮
過子　午科同遂青雲志人〃爭羨一舉榮
三度　朔風將殘登新正將至三陽月正明
過酉　生辰臘月十六日吳胎已育母子寧
七度　八字正逢未時生田畝呼童整牛耕
過辰　春耕夏耕秋收庠冬已餘糧守安寧
十二　不為商來不為賈金榜題名你也奪
過申　身穿蟒袍共玉帶偽為王才口你狐
四度　偷生八字不安三朝四歲必傷殘
過巳　早請明師急解破方保長命同安然

陽

七度　太阳过寅正东升双亲庚相我先明

过寅　父命属鼠母命狗福寿如山丹桂荣

九度　阳星过度仲春时梅树枝上子规啼

过午　生辰二月初三日堂上双亲添婴儿

二度　乙丑大运利丰盈出入求财利贵星

过丑　家门喜事从天降十年之内百福增

十度　大相必定是夫君必是带破在其中

过巳　月老注定死不对方保合和寿百春

十二　姻缘前定六刻生配合属猴是妻宫

过酉　月老注定死不离死不並翅舞春风

星儿

六度 命立丑宮福祿齊胸中錦綉吐珠玑

過丑 午科大遂青雲志彩彩新新入龍池

二度 寒梅傲雪弄青青庭前松柏盼三陽

過戌 生辰臘月二十一晚景蘭桂各芬芳

八度 午財生人命宮清孤士孤商亦孤工

過巳 朝夕田畝為活計五谷豐登自主翁

十三 命宮註定理孤常也東陰來也東陽

過酉 男扮女粧孤祝士單演戲武一梨園

五度 八字時犯夜啼煞驚害文母急生法

過午 請師解送花園鎖方止歸哭不叫嗟

巨

八度
过卯
十度
过未
三度
过寅
十一
过午
十三
过戌

巨纒星宿論命宮分宮过度理玄明
父命屬兔母是狗福如東海壽如松
春来萬物自發生柳垂金線称和風
生辰二月初八日巳月受胎母子寧
丙行寅丙大亨通凡事莫(謀)為稱心情
鼠水蛟龍归大海平地猛虎入山中
花柳正逢季三春妻命屬龍子一身
一对鴛鴦水上舞長天秋水盡色新
紅葉題水逆詩流咽婚造化产缘求
生逢七刻妻屬虎助夫與家到白頭

星凶

七度　命立寅宮主扳蟾星有巨門福祿全
过寅　酉科必折三秋桂家門榮耀子貴矣
一度　朔風凛凛雪滿天風風擺竹梢透体寒
过亥　生辰臘月二十六可喜弄璋哭新年
九度　巳時生人性剛強耕種收什足餘粮
过午　身閑心忙家門旺人人爭羨自在王
十五　威鎮天關賽虎狼旌旗遮日鼓懸揚
过戌　人人爭羨威名重原来玩耍在戲房
六度　八字堂水不喜火犯火郎是迷魂瑣
过未　若不請師祈送去身入陰宮最難躲

十度
过午
七度
过亥
一度
过卯
七度
过子

流年十月不吉昌多招口舌生禍殃
若無灾患並惡疾十一月內保吉祥
命中注定衣祿豐江湖買賣任西東
注定驛馬生前定生財只道順天行
命犯勾煞不堪言常打官司賠費錢
此煞若還不斩送經營折本禍相纏
七刻注定遠行宫名為作官苦心情
家門只故旧林下優游桑農守儒風
五刻生人孤另身空只衾枕無人溫
妻宮注就剋五个數番淒涼淚沾襟

張月鹿

炁

九度过卯
月鹿纏炁过卯宮
九度行來母猪相
父母屬鬼在震宮
寿福同来松柏青

十一过未
張炁交纏过未宮
生辰二月初九日
柳垂堂綠趁和風
父母堂前添一丁

十三过亥
日照　水春又臨
生辰臈月二十七
翠竹梅花景色新
已育灵胎見元辰

七度过卯
春風處處过園林
長子若立屬鷄相
丹桂枝上显濃陰
二子传像祿福均

九度过未
運行癸未主發財
家門康泰人口旺
凡事謀為趁心怀
吉祥如意福神来

十七　瑶琴五舞忽断絃　处央失散在两边

过亥　尅妻再娶屬猪相　方保不刑到百年

五度　炁星过卯入雷門　或凶或吉度數分

过卯　母命屬牛父是鬼　試看長生不老人

十三　命立未宫不尋常　養成豪氣姓名揚

过未　酉科虎榜題名字　歲臨戌首聘捷芳

十五　生逢八刻显将星　三界六韜藏胸中

过亥　會式晏七新進士　大展奇能伏雕弓

五度　命犯花蓋少人知　此女定是衆人妻

过未　若不清師來解破　星前月下也偷期

孛

十度 堂上双亲定年庚 全憑星宿度數清

过辰 孛星过辰行十度 母命屬猪父是龍

三度 二刻子宮招凡成 丹桂枝上子規鳴

过子 総有須防來尅害 定壬丙子家道成

十三度 東風吹動仲春天 桃杏含笑朶く鮮

过申 生辰二月十四日 安享福壽自天然

六度 先天註定最高强 生產子息振綱常

过子 雖然堂前二子立 只因同父不同娘

八度 推算長子何命宮 先註天定屬兎生

过辰 此命三子衣禄有 滔く福氣显光明

十度　運行甲申財漸興　天年安樂大亨通
过申　風平浪靜船漸穩　雲收霧散月光明
四度　二刻生人鸞鳳集　月先註定屬兔妻
过子　絞綃喜遇允央会　比翼蝴蝶自相宜
六度　張日鹿纏月孛星　六刻过辰父屬龍
过辰　母亲属牛居丑位　福如東海寿如松
十四　命立申宮主文明　手收丹桂步蟾宮
过申　戌年得遂龍虎志　単听春雷响一聲
二度　時数分刻不為龍　也非僧道也非工
过子　水户人家水户照　全憑妻女度平生

羅

十一度 張月鹿纏羅猴星 度行十一过巳宮
过巳 先天註定双親相 父命屬蛇母猪庚
四度 羅星纏月最為良 过丑四度占高强
过丑 因生三刻特分定 命宮二子寿延長
十三度 星宿交纏度数行 花李枝頭杜鵑鳴
过酉 生辰二月十九日 双亲过度產人就
七度 羅星纏張細推祥 分宮过度正剛强
过丑 星宮造定三個子 原來同父不同娘
九度 安身立命理最亥 子息宮中非偶然
过巳 三子堂前三才哉 長子屬鷄是根源

士度　運行乙酉主亨通　出入相交貴友逢

过酉　家门康泰財源茂　吉祥如意百福增

五度　二刻姻緣鸞凤鳴　良媒天配自然成

过丑　妻宮本命属鷄相　一对夗央两意濃

七度　曾記属蛇是君家　母親属牛定的真

过巳　先天後天乾坤時　試看長生不老人

𠦃度　命宮註定是文星　專待乘時運也通

过酉　戍年虎榜揚名処　欢欣鼓舞赴鹿鳴

三度　貧賤矣愚命安排　戸納風流浪子才

过丑　一生不作農工事　全憑妻子俊俏乖

計

十二度　計都過午命裡該　喜纏月鹿到天台
过午　父命屬馬母猪相　十二過度星宿排
十四度　計都交纏月鹿星　生逢四刻过寅宫
过寅　子息宫中有刑害　命定二子是前生
十四度　和風吹動杏花天　柳陰深處子規还
过戌　生辰二月二十四　生辰二月廿四（灵胎落地在人間）
八度　五星纏度命中排　子息宫中命裡該
过寅　蘭桂四顆同一脉　二母生身各怀胎
十度　計都过午度数真　庭前丹桂長成林
過午　長子若立屬兔相　四子傳家貴寶珍

十二度　逢行丙戌花發春　出入求財利益臻
過戌　家門與隆人口旺　五福迎門氣象新
六度　三刻配合鸞鳳集　月老註定屬兒妻
過寅　死夾对〻戍双會　清風明月兩相宜
八度　計都星君不為良　纏月八度自然香
過午　父命屬牛母是馬　一生天祿似天長
十六　命宮生來格局清　紫霧騰〻達禁宮
過戌　玉食一方貴無比　都是龍生風眷人
四度　命宮註定不一般　乙生不　合穿
過寅　托賴妻子風流美　公子王侯要〻碩

金

十三　堂纏月鹿过未宮　母合属猪又羊庚
过未　度行十三推算数　双々有寿任堂庭
十五　月鹿纏金过介宮　向善好游十五行
過卯　生逢五刻寿光好　果然二子應羆熊
十五　百花芳菲遇春風　二月二十九日生
过兎　柳條飄々真可羡　錦金帳下産人就
九度　男女宮中细推祥　金壘纏張说短長
过卯　命中註定立五子　原來同父不同娘
十一　人生有子萬事定　君家四子真出奇
过未　丹桂茂盛人爭羨　註定長子是属鷄

十三　運行丁亥主大通　家門康太事匕成
过亥　蘭桂庭前添喜事　田産六畜俱加增
七度　妻宮註定鸞鳳鳴　良緣配定月老成
过卯　庚相屬鷄結成对　久遠姻緣松柏青
九度　金星过未九度祥　堂上双親父屬羊
过未　先天註定星排定　母親屬牛好風光
十七　命中八字定明清　必是龍生長鳳宮
过亥　食祿天边身荣貴　皇恩勅賜受夫宗
五度　命宮衣祿在八方　每食官宦富豪粮
过卯　音樂般匕人争羨　迎神賽社作伯王

木

十四过申　庭前栢(桂)遇春風　皆因木星过申宮

父命屬猴母猪相　寿比南山不老松

十六过辰　滿園花開结寔成　命宮註定亥刻生

前生星辰先造定　枝頭苗兒二葉成

二度过子　十一月中是生辰　一枝花開幾赴春

浩然尋梅踏雪裡　初二离母見你生

十度过辰　丹桂茂盛長成行　原來不是一个娘

子宮註定有六位　半榮半枯在门墙

十二过申　木过申宮必有傷　蟠龍王菓異味香

長子若立屬兔相　必有王子在门墙

六度　烟緣前定非偶然　好似蝴蝶穿花簾

过子　蘭房羅幃処央會　夫主屬蛇是前緣

八度　四刻生人定烟緣　鴛鴦同枕不同年

过辰　月老配定妻属兎　助夫興業立家緣

十度　算君父命是属猴　母親屬牛定的週

过申　生産人就傳後世　青山緣水任悠悠

四度　三刻生人大亨通　孫武韜略在胸中

过子　鷹揚大烈聲名美　開國勲臣汗馬功

六度　八字生來定不差　根基原是好人家

过辰　只因花柳紅艷犯　流落烟花作生涯

水

十五过酉 水過酉宮吉星臨 又是屬鷄猪母親
人生富貴天相佑 清風明月最濃陰

十七过巳 人生八字註先天 命宮已定非偶然
時分七刻無差錯 果然二字立堂前

三度过丑 隆冬天寒雪花飄 梅花開雪色愈嬌
生辰正是十一日 初七降生一兒曹

十一过巳 命稟星宿定五行 豈能勉強子息宮
雖然堂前立七子 不是同胞一母生

十三过酉 先天註定長子庚 原是鷄羊他降生
雁行传家声名美 必有五子福祿同

七度　一輪明月出雲端　犹如嫦娥下廣寒

过丑　蘭房配合夫君命　定是属猪结姻缘

九度　四刻生人定不差　绿水〻蓮並頭花

过巳　妻是属鷄月老定　久遠姻缘福禄佳

十一　緑楊冉〻宇寅春　父命属鷄牛母親

过酉　水星过酉多福禄　试看長生不老人

五度　四刻生人禄千鍾　胸藏韜畧汗馬功

过丑　君身独占鷹揚显　虎穴出豹逞威風

七度　安身立命它刹真　原来良家一婦人

过巳　只因桃花致悮命　花街柳巷过光陰

火

十六　堂上双亲百年春　父是属猪狗母亲
过戌　紫荆花開長不老　寿似南山四胜人
十八　三刻生人定命宮　滿樹花開三菓成
过午　命中还有身代破　五福並臻显声名
四度　八字生逢十一月　十二正是降生辰
过寅　寒冬凜冽梅花綻　松柏寒青瑞雪紛
十二　男女宮中显芳荣　春暖桃花滿樹红
过午　分宮八子先註定　只因父同母不同
十四　五星纏度分五行　火入戌中亥个成
过戌　若問長子何年立　先夫註定兔年生

八度 頭夫必定先尅去 夗央失散必淚酒
过寅 重婚再娶屬蛇相 白頭到老總相宜
十度 分宮过度五刻生 注定屬兒是妻宮
过午 夗央配偶赤绳繫 事奉父母有孝各
十三 火星过戌迫天門 双亲位上定的真
过戌 母牛父狗双亲相 有福有寿过百春
六度 五刻生人格局清 胸藏韜畧有威名
过寅 汗馬功勞声名重 鷹揚晏上君又能
八度 分宮过度定不差 賣買追欢作生涯
过午 原是花街柳巷女 也合從良在人家

土

七十 星宿分野論命宮 百歲光陰百歲同

过亢 双亲庚相星排定 父命屬豬母同庚

十九 土纒月鹿过未宮 度行十九四刻生

过未 命宮註定一双子 內有石皮立女身

五度 張土二宿过卯宮 梅花初綻一陽生

十三 降生正逢十一月 十七父母添咲容

过未卯 子息宮中星干卯 九个同父不同娘

十五三 同根同葉分造化 失却閑情帶雄張

十五 男女宮中細推詳 蓁蓁六子剩兩行

过亥 長子屬鷄為庚相 瓜瓞綿綿歲自長

九度　九度过卯断的真　棒打北央两下分
过卯　終断再續夫主命　定是配成屬猪人
十一　五刻生人定的真　妻宫配合屬鸣婚
过未　月老约定姻缘會　暮景同荣氣象新
十三　福禄重重月正明　土星过亥是天宫
过亥　若知堂上双親相　父命属狗母牛庚
七度　六刻生人最英豪　奇谋妙算献当朝
过卯　大是功劳並汗馬　鹰揚首薦姓名標
九度　女命生來不氣長　風流俊俏体輕狂
过未　賣俏迎歡鋪雲鬓　椅门靠户看才郎

龍

四度　斗轉寅歲月新新　正月初四降君身

过子　堂上双亲真可喜　父母已育見元辰

十一　龍纏月鹿雨相生　時分五刻二子成

过申　内有帶破前生定　暮景方保福禄榮

六度　隆冬數九雪花飄　青松梅綻兩相交

过辰　美景仲冬十一月　二十二日産生苗

十四　星宿纏定造化根　子息度數定中分

过申　桃李花開結十菓　生身不是一母亲

二度　運行丙子妻重重　家门庚太過贵星

过子　出入求財般般有　歲月和合百歲通

十度 夫主屬蛇立命源 必有帶破在身边

过辰 此人若是無帶破 火年难免喪黄泉

十二 六刻生人最為良 妻宮屬兔配洞房

过申 水人註定成双对 比翼鸞鳳接陰阳

六度 命主子宮显文明 經史鑽研事業通

过子 午科必折月中桂 姓名標懸廣寒宮

八度 七刻生人姓名標 朝庭誠武選英豪

过辰 食禄天家功勞厚 鷹楊宴上姓名高

十度 女命生人彈唱通 鋪賢描眉似芙蓉

过申 体態輕盈多秀氣 花街柳巷逞俏容

紫

五度 紫星相交度间 光陰似箭望雲端
过丑 鶴駕粉粉來献瑞 正月初九降人间
十二 紫微过酉度数清 六刻生人子二名
过酉 内中会有一帶破 若無帶破两姓成
七度 朔風吹動万物凋 惟有梅花显英豪
过巳 十一月生二十七 丹桂庭前長異苗
十五 先天注定造化根 男女宮中推的真
过酉 庭前排行十一子 原來不是一母亲
三度 運行丁丑利豐盈 出入求財貴人逢
过丑 家门喜氣多康泰 天加神佑百福興

十一 屬豬庚相是夫君 微有帶破在其身
过巳 月老註定姻緣簿 必須如此壽百春
十三 金菊芙蓉且濃陰 妻宮屬鳴結成亲
过酉 月老配定無差錯 時分六刻定的真
七度 命立丑宮主文斉 胸藏豪氣吐紅霓
过丑 科大遂青雲志 名揚四海天下知
九度 生刻隆八刻最名声 武曲星照显威風
过巳 三箭曾把江山定 会武舉上進士公
十一 女命生来似芙蓉 花街柳巷立門庭
过酉 一声吹彈並歌舞 風月行中最他能

文

六度过寅 灵胎圓滿漸成形 新春乍至三陽生
堂上双亲添丁喜 正月十四喜生逢

十三过戌 文曲纏月近天宮 七刻生人二子成
内中合有一帶破 財源興旺晚更增

八度过午 丹桂庭前雪裡紅 風擺枝梢竹青更
生辰臈月初二日 晚景福祿壽如松

十六过戌 命禀星宿分五行 豈能勉强子息宮
雖然堂前十二子 不是同胞一母生

四度过寅 運行戌寅大亨通 出入謀為趁心情
离水蛟就歸大海 平川猛獸入山中

十二　楊柳開放正暮春　妻宮屬蛇子一人
过午　一对鴛鴦池中舞　長成秋水一色新
十四　比翼鴛鴦舞春風　妻是屬兔在震宮
过戌　白頭双々皆連理　无刑无害七刻生
八度　命立寅宮吉星安　必主登雲丹桂扳
过寅　酉科青雲得独步　彩旂輝煌耀祖先
十度　三刻生人格局清　胸藏奇韜馬到功
过午　鷹揚首薦居独步　耀武揚威显英名
十二　女命生来体態盈　花街柳巷是家風
过戌　倚門靠户人争羡　風月場中出的精

武

七度　張月鹿與武曲纏　过卯七度三陽天
过卯　生辰五月十九日　堂上双亲喜笑顏
十四　富貴荣花不非輕　子宮有無是前生
过亥　命定八刻時最准　二子傳家福祿豐
九度　雪裡梅花浩然尋　氷花玉片舞紛〻
过未　生辰臘月初七日　梅桂松柏望青春
十七　人生有子万事足　不似君家足又足
过亥　庭前一排十三子　不是同胞一母出
五度　運行巳卯事崢嶸　凡事謀為趁心情
过卯　財源茂盛人〻旺　安享康泰百福生

十三　長庚降謫在人間（綠水荷花徽底清）　父翁屬鼠母猪年（先決相配好相逢）

过未　清風明月知多少（妻宮屬猪生一子）　百年榮太百年歡（家道合和歲榮）

十五　並頭蓮花世間稀　红葉飄流尚有期

过充　生逢七刻無差錯　配合妻宮以屬鳴

九度　命立卯宮最貴星　寅宮鸞志把書攻

过卯　酉科方遂青雲志　飛鳴頓使世人驚

十一　四刻生人最將星　奇謀妙算在胸中

过未　鷹揚独步威名重　光宗耀祖最門庭

十三　十三过度女命真　常存乖巧使俏心

过充　輕盈体態人人愛　要笑追欢日光陰

陰

六度 长庚降祸在人间 父命属鼠母猪年

过子 清风明月知多少 百年荣太百年欢

八度 生身降世正逢春 庭前桂柏一色新

过辰 元辰正月二十四 堂上双亲喜欣欣

十度 竹影梅梢雪影松 分清分白见月明

过申 生辰臘月十二日 堂上双亲喜氣生

四度 富贵荣花在命宫 子息多少岂强行

过子 長子若立屬兔相 天赐孤儿到门庭

六度 運行庚辰福禄臨 出入利益旺家门

过辰 凡事興隆多称意 福氣滔滔聚寶珍

十四　妻宮屬蛇犯刑沖　身中微帶有帶破

过申　若是身上無帶破　也主夫婦各西東

三度　春來花草一色新　父命屬鼠母牛真

过子　太陰过子纏月鹿　福壽如山百年臻

十度　命立辰宮吉星安　必定午未喜相連

过辰　午科必標虎榜上　未年一定占鰲先

十二　國家設要選英雄　麾揚首落显威風

过申　若生王刹將星露　龍行虎步奔王庭

二度　杖骨枝脫定可傷　三週更嚴見閻王

过辰　若要長命必解送　子息庭前排兩行

陽

七度 太陽过度数已分 乾坤依旧草本新
过丑 若问人间亲庚相 父命属牛猪母亲
九度 張陌二星过巳鄉 九度行之喜氣揚
过巳 生辰正月二十九 滿園枝桂正芳芬
十一 朔風凛凛仲冬天 浩然尋梅尚未還
过酉 生辰十二月十七 吳胎落地在人间
五度 分宮註定不差移 天賜嬰兒是属鷄
过丑 太陽过丑分造化 晚景荣花福祿齊
七度 運行辛巳勝往年 当有喜事两三番
过 出入求財逢貴友 家門吉祥自安然

十五　妻宮配定屬猪人　果有帶破在共身
过酉　身边若是無帶破　少年必定命歸陰
三度　張月鹿纏太陌星　号為大吉三度行
过丑　分宮过度理不錯　父命屬牛母同庚
十一　命过巳宮福祿齊　胸藏錦綉吐紅霓
过巳　午未大遂青雲志　彩旂色新入鳳池
十三　生逢六刻大亨通　孫吳韜畧在胸中
甘酉　鷹揚首薦声名美　改换门庭光祖宗
三度　埋兒無在命宮游　子息森森不到頭
过巳　養兒指望送終老　不濟兒即喪荒坵

巨

八度　巨門纏月古星臨　二親庚相算的真
过寅　父命屬虎天然樂　母命屬猴歲月深
十度　人生扶立天地根　庭栽丹桂望凉陰
过午　生辰二月初四日　巳亥父母見元辰
十二　隆冬時了朔風寒　梅花將殘春又還
过戌　生辰臘月二十二　父母添喜賀新年
六度　人生稟命天地間　子宮多少是前緣
过寅　長子着立屬兔相　定有二子立堂前
八度　運行壬午正逢春　出入求財自然臻
过午　家門興旺是有分　望喜貪高俱遂心

十六　燕語紛紛未遂情　鴛鴦失散兩行盟
過戌　洞房再要屬蛇相　竹影梅花映日紅
四度　清風明月是濃陰　父命屬虎樂天真
過寅　母命屬牛晚景好　同登壽域笑欣欣
十五　命立午宮貴非輕　奮志飛騰廣寒宮
過午　酉科已折蟾宮桂　戌歲春魁玉殿行
十四　七刻生人是文明　曾游泮水入黌宮
過戌　鷹揚宴上盛名顯　文武雙全耀門庭
四度　坤命沖犯九女星　恨男不穩養女成
過午　此星若還不解送　只怕老來落塲空

五度 埋兜亥煞在命中 揔然養子也难成
过亥 此煞若还不解送 定主一世落塌空
一度 桂中化着驛馬星 不宜端坐在家中
过卯 别境外府尋生意 五湖四海任居行
九度 五星纏度不虛言 十年亲苦在窗前
过卯 木火年交方遂意 早入泮宫耀祖先
十度 天星纏度福祿齊 胸藏豪氣吐紅霓
过辰 蟾宫折桂木火歲 水火提跳上天梯

其

炁

五度过寅　帶雪梅花遇新春　楊柳枝頭吐黃金

三度过寅　乾坤相对阴阳泰　父母同是屬虎人

十一过午　男女宮中细推詳　星辰过度定吉昌

十三过戌　長子若立是鼠相　丹桂庭前子二行

七度过寅　翼炁相纏自與隆　楊柳枝頭子規鳴

生長二月初五日　父母堂前長笑容

朔風將尽聆和風　迎春花盛梅更红

生長臘月二十三　父母堂前添一丁

先天註定世间人　時刻分数定的真

長子若立是龍相　二子傳家福祿臻

九度 運至甲午財源發安康和順享榮華
过卯 出入亨通多吉慶春夏秋冬永不差
十一 綠柳蓮花在（左）塘 雨洒花梢不沾泥
过戌 妻宮属狗甲戌相山頭火命福祿齊
七度 星宿过度定寿年身宮凶災不安然
过午 命宮註定衣祿尽青春十九染黃泉
十五 武將豪氣本英雄鎮守边庭七刻生
过戌 勇敢當先人难比刀馬营中显元戎
三度 命中生的最精灵不喜官煞犯憂驚
过午 交过三六九歲去父子方对保安寧

孛

六度過卯
四度過卯
十二過未
十四過亥
八度過卯

孛星過卯與蛇纏　双親位下保平安
父命屬兔母屬虎　青山緑水寿延年
推定長子立命辰　可喜庚相屬馬人
此命招從一兄弟　晚景荣　百福臻
梨花開放粉粧成　風吹柳絮乱飛騰
生辰二月初十日　双親堂前長咲容
雪裡梅花正芳荣　朔風吹動盼春正
生辰臘月二十八　堂上双親添一丁
同日同時刻不同　也有貴賤也有穷
先天註定長子命　庚相屬狗二子荣

翼 川

十度 过未

運行乙未十年通財祿安然福自生
出入求財多有利家中課為百事成

十二 过亥

配合姻緣夫婦情風吹雲散月光明
妻宮乙亥是猪相山同火命松栢同

八度 过未

命中註定毫不差前生寿限福不加
辞别陽路光陰短二十歲上霜打花

十六 过亥

八刻生人定命強威風隨身过時光
命註鬲家千里外边庭立功晚年昌

四度 过未

桃李開放自然香寒鵲争梅鬧時光
若無災难生疾病也防十一十三上

羅

七度
过辰
三度
过子
五度
过辰
十三
过申
九度
过度

翼纏羅猴过辰宮度行七数分五行
父命是龍母是虎百年荣華兩安寧
二刻註定世間人若得時真命也真
送終兒子有多少三个兒子是前因
命秉天地立根源長子屬鼠是前緣
欲知丹桂枝葉茂堂前三子過百年
一天雨露送春来麗日和風杏花開
生辰二月十五日父母堂前嘆顏開
羅星九度过辰宮丹桂庭前三子成
長子若立是龍相方显先天註的精

十一　運交丙申大發財出入經营趣心懷

过申　家门康泰千年旺歲月和合福寿来

五度　並頭蓮花色更新鮮翠竹草木各争先

过子　洞房相配是龍相因生二刻福禄全

一度　菊花開放味更香雁过南楼声々忙

过子　生辰正是寅九月初一降生在画堂

九度　日月如梭催少年霜々雲霧雪滿山

过申　难逃二十零一歲南柯一夢到黄泉

四度　实特生人名孤单羅纏火蛇至清閑

过子　頭頂清冠朝三清口中常念昊宝天

計

八度
过巳
四度
过丑
六度
过巳
十四
过酉
十度
过巳

幽山穩〻松栢青皆因計都过巳宮
双親庚相先天定母命是虎父小龍
三剋生人命宮榮註定堂前三子成
翼纏計都分上下自有榮枯各不開
命宮男女是前生長子馬相始能成
主中瑞氣紛〻降堂前三子自芳榮
綠柳枝頭子規鳴滿院花草色更濃
生辰二月二十日父母恩光喜見榮
富貴榮華命中訣子息若持午剋排
長子若立是狗相庭前三子显三才

十二过酉 運至丁酉家業鮮事々如意心自然

源財與旺時々進一门吉慶福祿安

六度过丑 二刻生人定姻緣妻宮屬狗是前緣

滿堂鶯語春光好嫩柳枝頭喜相連

三度过丑 金風吹動百花香梧桐飄々落葉黃

閏九月生初六日己育父母望重陽

十一度过酉 命宮註定壽不長二十二歲虎尋羊

凶星照定衣祿尽悠々一枕夢黃粱

五度过丑 戌時生人孤另々多凶多难多災星

送入玄门修真性頂礼三清口诵徑

金

九度
过午
五度
过寅
七度
过午
十五
过戌
十一
过午

金星过午九度臨
陰陽相对東乾坤
父禽是馬延年大
母命是虎寿百春
火蛇纏金甚奇哉
过寅五度好安排
枝頭梅子生馨香
長子是鼠福禄强
枝幹二三陰陽地
刑尅冲的四子傷
百花芳菲杏花天
玄鳥歸来画堂前
生辰二月二十五
将殘明月始不圓
星辰交纏命中清
時剋造化分五行
火能尅金金生水
三子堂前現三才
命宮四子多兴旺
定知長子是屬龍

十三 運行戌戌喜重〻無边佳趣入門庭
过戌 滔〻福氣精神爽秋月光輝分外明
七度 月下瓊花似玉簪妻庚是龍配姻缘
过寅 並頭蓮花色更美三刻夫婦永百年
三度 暮景秋残金風凉雨洒翠花葉更鮮
过寅 桂花结子枝葉茂闰九月生十一閃
十一 凶星过度照命宫嫩花逢霜枝頭空
过戌 隄防二十三歲上父母合家火放声
六度 酉時生人主叅玄身彼法衣三清前
过寅 口誦経文尊老子礼拜天尊是前缘

木

十度 过未

六度 过卯

八度 过未

十六 过亥

十二 过未

青山绿水任悠〻流水滔〻不断頭

父命是羊母是虎椿萱有寿到白頭

木入卯宫更高强纏翼相生衍綱常

生逢五刻立三子庭前蘭桂栽成行

先天后菓子結成長子是馬福氣增

晚景四子立的美后代見孫更共旺

柳垂金線正三陽滿園桃李正芬若

生辰二月三十日父母添喜在庭堂

楊柳枝頭子規鳴子息宫中细〻評

長子若立是狗相庭首四子止芳荣

十四　大運巳亥最亨通安穩和順在命中
过亥　生逢此運十年旺凡事諧孚稱心情
八度　三刻生人定烟緣綠水滔〻並頭蓮
过卯　望柳飛花森〻旺妻宮屬狗福祿全
四度　金風吹動百花香梧桐葉落过重陽
过卯　閏九月生十六日丹桂秋香喜呈詳
十二　命入天羅不可當秋后衰草偏遇霜
过亥　三八之中入春夢妻恐燒了斷頭香
七度　分宮过度申時辰命中孤硬無親鄰
过卯　三消位上祿弟子玉皇駕下呼天尊

水

十一
过申
七度
过辰
九度
过申
三度
过子
十三
过申

水过申宮喜相生五星之理不非輕
父命是猴母是虎福氣滔滔百年榮
生逢六刻更崢嶸交过辰宮又纏龍
堂上三子天恩重心性高强逞英雄
時值暮春花發鮮蟠桃一樹五菓堅
長子是鼠更長大自然福祿永綿綿
朔風吹動雪花飄寒梅傲霜成英豪
仲風正是十一月初三降生立根苗
命稟天地立根源長子是龍皆前緣
庭前丹桂結五子晚景衣祿自安然

一度　玉景堂前出芬芳人生喜氣明月光
过子　妻宮甲子是鼠相海中金命百花香
九度　註定四刻姻緣成夗央交頸喜屬龍
过辰　赤繩繫足成双对夫婦和合鸞鳳鳴
五度　寒風吹動物凋零霜降松柏竹更青
过辰　閏九月生二十一母桂秋香葉更濃
五度　三刻命主多奇能只可出入在公庭
过子　心性方正貴人愛离祖成家更兴隆
八度　先天註定禾時人命中孤硬主离情
过辰　只可玄门稱弟子衣祿食祿晚景豐

火

十二
过酉
八度
过己
十度
过酉
四度
过丑
十四
过酉

大入酉宮煆煉金五星要訣理最真
双親庚相憑剋定父命是鷄母居寅
七剋生人福祿榮蘭桂庭前三子成
其中必有一帶破若無帶破主刑冲
春景花開在枝頭到得秋光五菓收
長子是馬听消息城上更鼓夜悠悠
分宮过度定不差生辰十一月初八
翠竹寒梅春光早晚景福祿壽更加
枝蘭茂盛雨露均庭前丹桂長成林
命定五子多具旺長子是狗皆前因

二度　明月照人色更光風吹飛李花開香

过丑　妻宮是牛乙丑相海中金命配死央

十度　姻緣前定四刻真妻宮是狗結成婚

过巳　月光配成死央对嵗月和合氣象新

六度　丹桂結子更芬芳芙蓉開綻味清香

过巳　閏九月生二十六寒蛩陣〻噪月光

六度　大星照命过丑宮胸襟磊落四刻生

过丑　身近公门貴人喜相扶相助家業隆

九度　午時生人帶虛星命該出家利修行

过丑　孤形单影居道院朝夕上殿口誦經

土

十三过戌
九度过午
十一过戌
五度过寅
十五过戌

土入戌宫过本鄉父是屬狗喜業昌
母命原来是虎相浮世百年衣祿隆
翼星纏土剋々清过午纏九度子宫
河東三鳳天思重内有石皮保安寧
蟠龍六但弄青黄撤天揭地傍銀缸
長子是鼠先早立两朶花開晚更香
朔風吹動百物凋惟有松栢最堅牢
生辰正是十一日十三降世産英豪
丹桂逢春雨露均枝葉茂盛显濃陰
長子若立是龍相蓁々六子滿堂欣

三度　夗央戲水作对行賓鴻交頸共同鳴

过寅　妻宮是虎丙寅相爐中火命百年榮

十一　五刻姻緣定不差妻宮是龍偕白髮

过午　錦帳羅帷同歡慶助夫興業可成家

七度　朔風透戶小陽春落葉飄〻乱紛紛

过午　閏十月生初一日雁过南楼叫声頻

七度　命宮註定五刻生羨君只可在公庭

过寅　貴人見喜多扶助晚年衣祿自亨通

十度　土蛇交纏巳時辰命宮孤硬离双親

过午　自在法门稱弟子頭頂呈冠見天尊

龍

十四
过亥
十度
过未
十二
过戌
六度
过卯
十六
过戌

八字生成造化根五星註定不由人
二親庚相豪不差父是猪母居寅命
子息宮中三子强四刻生定好見郎
中間必有帶破子方保河東姓名揚
春到桃李花欲發長子是馬福禄佳
天宮念你心勤苦報此劬勞六菓發
纏龍翼宿过卯宮梅花初綻一陽生
生辰原是十一月二九之日降人龍
命中註定子息宮長子屬狗福氣通
欲知丹桂枝葉茂庭前六子自芳榮

四度　絲水交結兩処央野草芳菲味更香
过卯　妻宮丁卯炉中火兎命延〻福寿長
十二　五刻月老配姻緣妻宮屬狗意相聯
过未　並頭蓮花恩情重暮景蘭桂自然安
八度　万物凋殘孟冬天朔風吹動雁南还
过未　閏十月生初六日寒蛩声〻噪窓前
八度　六刻生人性氣雄胸襟浩大在公庭
过卯　四方廣結賢良友貴人見喜显奇能
十二度　命中註定辰時生只可參玄養道成
过未　身被法衣朝三境手執笏板口念經

紫

一度
过子
十一
过申
五度
过子
九度
过辰
三度
过子

凶曜悪星到流年刼煞横災四時纒
命宮大限十三歲準備黃梁到九泉
翼火蛇紫微纏連五刻三子是前緣
内中訣主有帶破保的無防福祿全
春風吹動是新春命中註定清閒人
生辰正月初五日月滿庭前光明臨
朔風凛凛正逢冬雪裡松栢枝更清
生辰正是十一月二十三日降人龍
運行午子主亨通家门吉慶百事成
出入求財多有利家道吉祥福祿增

六度　一双 外央戲 彩蓮夫唱婦隨共同难
过巳　妻宮是龍戌辰相夫林木命寿百年
十四　此日魚遊春水欢蝴蝶並翅舞翩〻
过酉　配合妻宮是龍相只因生在六刻間
十度　松栢欺雪傲青梢冰淦魚潛雁飛高
过酉　閏十月生十一日庭前桂子喜滔〻
九度　七刻生人近公门上人見喜貴人欽
过辰　心性方正名德美劍立家業晚更新
十三　夘時生人主修行自幼出家入玄门
过酉　早晚神前看經卷拜求師尊子道心

文

二度 过丑 命宮註定正青春凶星悪曜照命身
十二 过酉 年交一十単四歳早辞世界命歸陰
六度 过丑 文曲纒巽紬推詳註定三子排成行
八度 过巳 其中定有一帶破因生六刻占高强
四度 过丑 翼運交纒造化机过丑六度过留遅

知君分居處世道生逢五月是初十
水砌玉路雪堆山萬物凋零梅花鮮
正逢正是十一月二十八日降人间
運行乙丑主栄華家门康泰大興發
早苗見雨勃然動枯木逢春又間花

强

七度　一门福禄自天成芝蔴桂栢共青松
过午　妻宫已巳是蛇相大林木命百年荣
十五　並頭蓮花遇清風处與此翼舞當空
过戌　時分六剋妻是狗助夫與業晚年豐
十一　花葉凋残葉更稀寒蛩窓外叫声淒
过戌　閏十月生十六日庭前丹桂子結寔
十度　命中註定入剋生遠君胸藏有奇能
过巳　常在公门貴人喜家门與旺福禄荣
十四　寅時生人犯孤辰晚欲出家归道门
过戌　黄昏青松為伴侶白日口内念經文

武

三度
过寅
十三
过戌
七度
过寅
九度
过午
五度
过寅

寿元長短註先天姻緣造定重如山
命宮交了十五嵗南柯一夢辞入间
分宮过度定無移武曲乘龍三子奇
过戌定有石皮体七刻凨雲聚会時
武翼交纏論先天分宮过度入寅邊
生辰正月十五日燈光爍爛月正圓
梅花開放朔凨高時至数九雪花飄
天前鵞毛降凡世臘月初三降人當
運至庚寅主家榮凡事謀為俱可成
千江有水千江月萬里無雲萬里明

七度　一双处央在水湄芦花深处结成婚
过午　妻宫是馬庚午相路傍土命共同衾
十五　鸞鳳和鳴喜正濃处央交頸妻是龍
过戌　蘭房森森七刻定千里姻缘月老成
十一　孟冬已尽朔風凄闰十月生二十一
过戌　雁过南楼声声遠寒梅一枝雪花飛
十一　三刻生人主戦争翼火蛇武曲纏星
过午　勇敢當先鎮边塞他鄉立功显大名
十四　丑時生人犯孤辰命註出家爲俗门
过戌　衣禄豊盈十方有叅拜玉堂念天尊

陰

四度
过卯
十度
过亥
八度
过卯
十度
过未
六度
过卯

悪星行轉到命宮北斗星落寿命終
年方二八天羅轉回首夕陽赴幽冥
陰星过度十五宮神煞定犯打影中
此星若还不息祭纏綿定要丧殘生
斗轉寅宮和風天万物逦春色漸鮮
梅花茂盛花開落正月二十降人間
季終冬庭前显寒梅朔風凜〻三陽催
生辰臘月初八日浩然踏雪折梅帰
辛卯運臨大丙發財祿安然自通達
出入利益多言慶滔〻福氣寔可誇

八度 李白飛紅搓是春外央相配在江濱
过未 妻宮是羊辛未相路傍土命百年欣
十六 鸞鳳和鳴望太陽妻宮是狗配洞房
过亥 生逢七刻七添吉慶久遠姻緣福祿長
十二 朔風凜凜透窗寒草木青青各凋残
过亥 閏十一月二十六父母生你在堂前
十二 四刻生人是前因命中陪犯金甲神
过未 辞別父母歸邊寨他方爭戰立功勲
十五 子時生人本有緣道教山门掌威权
过亥 只因自小不堪養黃庭経卷樂清閑

陽

三度　五行註定造化根纏星过度理最真
过子　堂上双親同有寿父命是鼠母居寅
一度　丹桂森〻茂堂〻圓林深処菊花香
过子　長子若立是鼠相上下無靠獨自若
九度　三陽開泰和風飄斗到寅宮參横高
过辰　生辰正月二十五君身降世显異苗
十一　瑞雪紛〻梅花開否極还生泰極来
过申　生辰臘月十三日父母堂前喜盈腮
五度　五星推算子息宮丹桂一枝立门庭
过子　天賜孤兒傳後世先天註定是屬龍

七度　運行壬辰十年通家门康泰六畜共

过辰　土入謀為皆遂意動無不利福自生

九度　双丶夗央交頸欣翠竹梅花显濃陰

过申　妻宮是猴壬申相算来命是刀劍金

五度　分宮註定寿不長凶星照命最难當

过辰　年方十七爲人家一枕黃粱卧荒崗

十三　五刻生人志氣剛為人方正命運强

过申　主定爲家边庭去立功显荣返故鄉

一度　四註無煞又無関身命二宮也安然

过辰　一四七九要堅守隄防陽火災星纏

巨

四度　二親庚相註中求五星定理若相投
过丑　請君靜听双親相母命是虎父是牛
二度　男女宮中不足疑長子是馬已先知
过丑　孤雁嘹嚦無行序一门一子定無疑
十度　斗到寅宮見三陽和風吹動柳梢黄
过巳　生辰正月三十日居身下降見高堂
十二　月照隆冬正霜氷朔風吹臘聆豺正
过酉　梅花将残迎春茂原是臘月十八生
六度　丹桂花開正芬芳一枝茂盛在门墻
过丑　長子若立是狗相上下無依独自强

翼比

八度
癸巳運臨主稱心
家道豐盈百福臻

过巳
虎奔山林生威勢
龍歸江海長精神

十度
夗央交頸共同鳴
妻宮癸酉是鴉庚

过酉
刀劍金命是佳配
夫婦和合家道隆

六度
年方初生正青春
朔風吹動少年人

过巳
可惜望枝凋殘早
一枕黃泉命歸陰

十四
六刻生人胆氣雄
身命二宮遇將星

过酉
馬到成功榮边塞
鞭敲金鐙返故庭

二度
分宮过度看命星
関煞相犯主憂驚

过巳
交过二五八歲去
方得成人保安寧

二度　流年二月主不安官災口舌事〻連
过寅　若得災出並禍散交了三月得平安
一度　生逢時刻不為強双親位上有乖張
过亥　親母生身継母養先天註定兩層娘
一度　五星纏度推算清悪煞相犯不善終
过午　若非郊外刀懸死也主懸縊水火傾
十度　此刻早年多主凶几番不遂在命中
过未　多火剎雜不順利暮景福祿整家風
四度　欲知流年小運行煞星流到此命宮
过寅　須防四五月 不利災消禍散六月中

軫

炁

五度
过丑
三度
过丑
十一
过巳
十三
过酉
七度
过丑

炁过丑宫分五行與 交纏定分明
父命是牛母兔相百歲光陰百歲榮
人生前定毫不差長子是羊獨成家
雁行失序生貴子天賜孤兒福更佳
月老前世定 姻緣露水夫妻兩團圓
夫婦苟合兄媒正你爱我親兩週全
滴水成冰数九天玉石砌路粉糚山
生辰臘月十九 日浩然尋梅踏雪还
人生有分男女宮丹桂庭前一子成
次序难存高堂立定是屬猪兔刑冲

九度　運行乙丑主稱心家道興隆百福臻

过巳　虎奔深山有威勢龍归海滄長精神

十一　百年姻緣事若何処央双双戲碧波

过酉　妻宮乙酉是鸡相井泉水命永和合

七度　命宮壽短不由人祿馬遲處命归陰

过己　顏子壽命三十二你比顏回短二春

十五　五刻催行各分飛兄弟七人各自归

过酉　失却同心先去母内有石皮預先推

二度　命主縉紳入音雲冲犯文昌不欢忺

过乙　若要不解功名費解破一跳龍过门

孛

六度过寅
四度过寅
十二过午
十四过戌
八度过寅

軫水蚓纏月孛星六度过寅甚分明
父命是虎安然樂母命是兔振家風
長子命在何宮求庚相原來是鼠牛
堂前二子同欢慶繼祖紹宗福不休
孤枕獨衾未團圓夫婦刑傷不週全
姻緣到處不相配苟合夫妻过几年
時值孟冬近春天 松柏青〻竹又鮮
生辰臘月二十四父母添喜望新年
富貴榮華在命中長子是蛇福祿洪
要知子息有多少丹桂庭前二子生

十度 運行丙午財祿癸家门和順享榮華

过午 出入安樂多吉慶春夏秋冬福祿加

十二 並頭蓮花耤二生交頸夗央已配成

过戌 妻宮丙戌是狗相屋上土命夫婦榮

八度 先天註定寿命平梧桐葉落遇秋風

过午 命活三十有一歲一枕南柯夢归空

十六 生逢六刻手足强谷立家計山海長

过戌 兄弟七人先去母鴻雁分飛排成行

三度 八字命中註文光珠潛滄海待時昌

过午 只因犯着硯台星解破方得姓名揚

羅

七度过卯

八字生来在命中羅纏軫过卯宫
星辰排定双親相父命是兔母同庚

五度过卯

三陽開泰正逢春長子是羊奉双親
嗣緒宫中只一弟滿堂双喜自生春

十三过未

妻宫異常非等閑兄收弟妹樂团圓
雖然非理人嘲笑月老配定這姻緣

十五过亥

朔風將尽喜和風辞了旧歲望新正
生辰正逢十二月二十九日君降生

九度过卯

富貴榮華命中藏皆因星宿定吉祥
長子若立是猪相丹桂庭前子二行

十一　運行丁未十年通財祿安然福自生

过未　出入求財多利益多諸利般謀為百事成

十三　從来好妻際人間交頸夗央兩團圓

过亥　妻宮丁亥是猪相屋上土命福祿全

九度　内逢悪曜正青春寿数不長早归陰

过未　三十二歳衣祿尽好似顏回大賢人

十七　七刻生人手足强鴻雁分飛排成行

过亥　兄弟七人先去母内有帶破情不長

四度　四度过未犯刑冲身材短小似鴨行

过未　若还入在人群内他人犯你當頑童

計

八度
过辰
四度
过子
六度
过辰
十四
过申
十度
过辰

若向君家双親相分宮过度細推詳
父命是龍母是兎双〻有寿在高堂
二親定就非尋常男女宮中吉星强
前世積德陰功厚生来四子耀門墻
六度过辰要相投長子必然是屬牛
堂前三子多豐厚一世安然樂悠〻
命宮尅母有萱堂前生註定兩層娘
配定妻宮随娘女姊妹成親喜洋洋
命東天地立根原長子是蛇福祿全
欲知子宮有几位堂前三子送归山

十二过申

運行戊申大癸財出入經營趣心懷
宗门康泰千年旺歲月和合百福来

七度过子

分宫过度二刻真妻宫是蛇配成婚
秋水長天一色景一对夗央水面欣

十度过申

運入天羅少風光三十三歲大不祥
舍宫註定寿数短一枕南柯夢黄粱

二度过子

重陽吹動起金風着去寒来望孟冬
闰九月生初二日賞菊醉倒陶渊明

五度过子

度数过宫三刻生合生釋放命作僧
職授空統為僧袖八字暗裡有官星

金

九度
过巳
五度
过丑
七度
过巳
十五
过酉
十一
过巳

金星纏度喜相生九度过巳算的清
父命是蛇母是兔双〻有寿似青松
金星纏蚓三刻间过丑五度生四男
蘭桂茂盛真堪羨皆因前世種福田
男女宫中細推詳纂〻三子福禄强
若问長子何年降先天註定是屬羊
弟收兄嫂是前緣月老配定不虛传
雖是奇事被人笑不同小可作偶然
星屬过度理非凡子息註定是前缘
堂上三子多豐厚長子屬猪是根原

十三过酉
八度过丑
十一过酉
三度过丑
六度过丑

運行乙酉家業與事〻如意自亨通
財源與旺時〻有门庭喜氣祥瑞生
綠水荷花水底生共配定鸞鳳鳴
妻宫是猪戌姻眷二刻和合家道隆
后限三十有四歲曲首斜陽一夢中
命中恶曜遇凶星刻度交臨主大驚
金風吹動百花鮮万物蕭條四季天
闰九月生初七日物换時移几番〻
先天註定命非强八字孤硬不尋常
只因生逢四刻内送在空门守佛堂

木

十度
过午
六度
过寅
八度
过午
十六
过戌
十二
过午

乾坤相对東陰陽春回守寅、万物强
父命屬馬母屬兔夜月光輝福祿昌
軫維木星守花香生来四子耀門墻
过寅六度四刻生世澤相傳寿延長
雲餘雨静果須奇長子是牛止相特
次子晚年方得立四子趋庭向孔遲
月老配合结姻缘姑旧成親两团圆
夫妻相愛如魚水百年福祿永绵〻
丹桂茂盛長成林四子成家異味欣
長子若立是蛇相福澤绵〻喜稱心

十四　運行庚戌喜重々無边佳趣入门庭
过戌　滔々福氣精神爽秋月团圓分外明
九度　三刻生人定姻緣鸞鳳和鳴景色鮮
过寅　並翅比央水上舞妻宮是蚍福禄堅
十二　行限遇魁父星交壽至中年必主天
过戌　大限三十五零歲一枕南柯夢荒郊
四度　金風吹動又重陽景色蕭條降寒霜
过寅　闰九月生十二日堂上双親喜弄璋
七度　五刻生人發善心命該出家作僧人
过寅　沙门三寶為伴侶拜佛烧香念經文

水

十一　月映寒潭徹夜清軫水分宮遇水星

过未　父命是羊母是兔福壽康寧樂堂庭

七度　軫纏水星歸本宮过妃七度五刻中

过卯　命宮陰法積四子排成行時松栢青

九度　狂風驟雨草凄凄長子是羊定出奇

过未　苗得三枝開最晚隔墻红杏迺梅肥

十又　鸞鳳交結双处央兩腴成亲配洞房

过亥　从遠姻緣相敬愛夫唱婦隨坐画堂

十三　男女宮中细推詳蓁蓁四子排成行

过未　長子是猪為庚相绵绵麟趾衣祿強

十五　大運交臨过辛亥命中安稳甚是快
过亥　人生遇此十年美凡事謀為多康大
十度　池塘荷花到底清处央交頸两相逢
过卯　時上三刻妻是猪从遠鸞鳳处央鳴
十三　日照雪消火上水忽然之間不見踪
过亥　可怜三十有六歲一枕南柯归土中
五度　暮冬花綻季秋残陣々南風雁南还
过卯　国九月生十七日父母堂前添咲顏
八度　六刻生人孤南星命該礼佛拜神灵
过卯　一生衣禄十方享口念弥中主為僧

火

十二
过申
八度
过辰
十度
过申
四度
过子
十四
过申

軫宿过申缠水 星家门康大 福禄增
堂上双親同有寿 父命是猴 母兔庚
火星过度水 引缠分身七度 六刻间
四子堂前景茂盛 松柏青々 色更鲜
五枝花菓在庭前 長子是牛 力先全
惟有阴功培 植茂々 個金鸾向 日间
朔风凜々仲冬尸生身正是十一月
此命降生是酉回 寒蛩窓外声不绝
春回宇宙方物生 庭前丹桂色 正青
長子若立是蛇 相主定五子有芳名

二度　朝夕白地彩雲間流水滔滔向東迹
过子　妻宮是鼠丙子相凋下水命水周圍
十一　赤繩繫足配洞房妻宮是蛇福祿强
过辰　仙娥結成鸞鳳侶因生四刻降吉祥
六度　二刻鴻雁忠故鄉兄弟七人名皮傷
过子　双親位上先去父棠棣争春各芬芳
六度　菊花已残交孟冬万物凋残樹頭空
过辰　閏九月生二十二堂上双親喜氣濃
九度　七刻生人出俗门落髮念佛看經文
过辰　少家衣祿十方有跳出紅塵入空门

土

十三
过酉
九度
过巳
十一
过酉
五度
过丑
十五
过酉

土入酉宮喜相生 父命是鳩樂恩荣
人生八字先天定 母命是兔入長生
七刻生人定命清 五星推算不非輕
命定四子侍家業 福祿禎祥万事亨
度前丹桂色正青 秋来結得五菓成
長子屬羊他為首 龍子鳳孫振家声
梅梢月上竹更青 朔風凜凜正仲冬
十一月生初九日 始見双親喜氣生
度前丹桂排成行 雨露逢春花正香
竇氏侍家五伺子 知長子是狗郎

三度　鸳鸯交頸绿水迹红粉傍花勝芝蘭

过丑　妻宫是牛丁丑相淍下水命同喜双

十一　夫婦和合效孟先蘭房是狰正分芳

过巳　注定四刻姻缘对蟠兆枝上桂花香

七度　三刻鴻雁呌当空目氣連枝七弟花

过丑　二親位上父先去必有帶破在其中

七度　金风陣陣寒氣上露冷霜寒樹凋零

过度　国九月生二十七菊花将残翠竹青

十度　命中生逢八刻中雲遊南海观世风

过巳　衣禄十方千家供看经念佛作一僧

龍

十四过戌
十度过午
十二过戌
六度过寅
十六过戌

龍德纏軫戌上行过度子回述天宫
交命是狗母是光福祿滔滔百歲榮
水蚓躔 龍过午卯三刻生人子二双
盤中四菓異味盛为有石皮槐年灾
和风满樹春光生淡蕩秋景六菓成
長子是牛先去逝桑榆月下子規鳴
朔风凜凜大雪天松柏枝充耐歲零
生辰十一月十四归根落地降人间
富貴榮華非等閑居家六子喜安然
先天注定長子分屬蛇庚相永綿綿

四度
过寅
十二
过午
八度
过寅
八度
过午
十一
过午

夗央戲水在池边来〻往〻躍青蓮
妻宮是虎戊寅相城頭士命永团圓
姻缘前定非偶然妻宮是蛇赤绳連
琴瑟相合成姻配時分五刻福祿全
四刻生人造化很手足宮中福不均
兄弟七人先去父内有名皮各立门
朔风凛〻降寒冬葉落飄〻满樹空
闰十月生初二日父母堂前長咲容
十一过午看命宮注定出家命作僧
老来孤〻会依靠一个徒弟送归空

紫

十五
过亥
十一
过未
十三
过亥
七度
过卯
十七
过亥

紫微过刻归本宫文纒軫宿定分明
父命是猪母是兔堂前往栢倚貴松
紫纒水蚓論阴阳四刻生人子二双
命中註定有帶破暮景隆典有餘粮
一樹残花结子成撇天揭地振家風
長子是羊先存立夜差連芳子六名
数九寒冬雪花飛青松梅绽两相連
十一月生十九日父母堂前子結原
五星定命非等閑子息宮中仔细条
合家二子森森列長子庚相是猪年

五度　外央交頸在蓮池松栢青〻梅更齊
过卯　妻宮是兔乙卯相城頭土命自出哥
十三　生逢五刻定姻緣妻宮是豬永百年
过未　房内定親処央対月老前世非偶然
九度　五刻鴻雁各分飛兄弟宮中数有七
过卯　双親位上先去父内有石皮主悲泣
九度　雪冷风寒交新冬万物凋残葉飄空
过未　閏十月生初七月梅志欺雪翠竹青
十二　先天註定命無刪送在空门守佛堂
过未　兄因孤辰入命内兩了徒弟作兒郎

文

十三
過申
十二
過申
六度
過子
八度
過辰
四度
過子

文曲十三過中宮註定出家命作僧
若問几個徒弟子老來三丁送歸空
水刼交纏文曲星時逢五刻四子成
命中註定有帶破晚景豐盈福祿增
月老千里配姻緣身傍望栁結子鮮
外郡庶室生一子異常喜事降人間
朔風凛凛降寒冬雪裡梅花枝更青
貴辰却是十一月二十四日君降生
運行庚子主亨通家門吉慶和心情
出入求財皆如意家道禎祥有福增

六度　姻緣配合日與時　荷花雨打葉青枝
过辰　妻宫是龍庚辰相　白蠟金命補祿齐
十四　共枕同衾非偶然　妻宫是蛇皆前緣
过申　晚景峥嵘人欢笑　生逢六刻取差賢
二度　南極寿　不堪分魂飛魄散少精神
过子　孤舟入海风波起　二十五歲命归阴
十度　草木凋零孟冬向　朔风吹動雪花天
过申　閏十月生十二月　灵胎落地子母安
十度　棠棣花開滿園喜　生逢六刻各芬芳
过辰　兄弟七人先去父　中间必有石皮傷

武

十四
过酉
十三
过酉
七度
过丑
九度
过巳
五度
过丑

五星缠度入空门削髮為僧念经文
莫道老来身结果四个徒第送终身
十三过酉细推详蟠桃四果弄青黄
识宦内中有带破因生六刻味更长
七度过丑细〻评外郡側室二子成
莫笑老頭圖欢乐净自夜半産兒童
朔风陣〻透窓根吹動松柏枝葉青
生辰正是十一月二十九日降世中
運行辛丑主荣華家门康太事〻佳
旱苗逢雨勃然旺枯木逢春又開花

七度 夗央双〻作对舞琴瑟合和共羅帷
过巳 妻宫辛巳是蛇相白蠟金命享齊眉
十五 生逢六刻氣象新妻宫是猪配成婚
过酉 子福子春享安楽白頭双〻过百春
二度 武曲三度運限臨隄防三十六歲春
过丑 祿馬參差數已尽难免無常命归陰
十一 花木凋殘交孟冬寒鵲争梅前重松
过酉 丹桂花開子成粒闰十月中十七生
十一 生逢七刻三宫强鸣雁当中排成行
过巳 兄弟七人先去父共中必子石皮傷

陰

十五 武曲纏度論生辰出家落髮作僧人

过戌 莫道老来無依靠五个弟子送終身

十四 蚓纏太陰喜禎祥十四过戌四子強

过戌 艾中該主星帶破生逢七刻壽命長

八度 從来老樹晚枝生莫說長庚夢的遲

过寅 外郡側室發旺蕊結成三子福星餘

十度 梅花綻蕊滿樹蜂风擺竹梢葉更青

过午 生辰臘月初四日溪翁罷釣路迷蹤

六度 壬寅大運主家榮幹事謀為自然成

过寅 千江有水千江月万里無云万里明

八度　東风吹動一枝梅　妃央交合共羅帷
过午　妻宫是馬壬午相　楊柳木命永齊眉
十六　红葉題诗詠不绝　雁語鶯啼妻是蛇
过戌　七刻註定妃央对　共枕同衾子豪傑
四度　大限三九命难為　魂飛魄降命尽虧
过寅　二十七歲衣祿尽　黄泉路上不时回
十二　梅花開放在仲冬　梅花茂盛松柏青
过戌　閏十月生二十二　父母堂前添一丁
十二　鴻雁南还思故鄉　兄弟七人一破傷
过午　生逢二刻母先去　桃李争春各美芳

陽

十六 休嗆星宿入命宫 剃髮為僧念真經

过亥 衣祿十方千家足 六个徒弟送归空

十五 八刻生人命宫佳 四子传家耀门庭

过亥 衣祿豐盈財源盛 更足奇难晚年名

九度 赤绳係就千里姻 外郡庶室長精神

过卯 自古丹桂秋色晚 庭前四子登步雲

十一 朔风吹動季冬天 浩然尋梅踏雪还

过未 生逢臘月初九日 父母堂前添兒男

七度 運行癸卯大亨通 衣祿安然自峥嵘

过卯 出入天官多賜福 滋〻福氣財自生

九度
一门福禄自天生 芝蘭桂柏與青松

过未
妻宫癸未是羊相 楊柳木命百年荣

十七
鶯語鶯声連理枝 妻宫是妙已先知

过亥
生逢七刻吉星照 晚景風雲福禄齊

五度
命过此宫最難留 馬行涧边人心愁

过卯
二十八歲天禄尽 一旦無常萬事休

十三
朔風吹動雪花飄 紛紛蝶翅下瓊瑶

过亥
闰十月生二十七 粉粧山河玉砌橋

十三
鳴雁空中叫声鳴 同氣連枝七弟兄

过未
生逢三刻先去母 必是带破在其中

巨

四度 涵山隱々草木逢父命是鼠母兔方

过子 無刑無害多福禄双々尽寿在高堂

二度 男女宫中细推详長子是牛出月長

过子 兄弟难在高堂立孤身独自福禄強

十度 庶室堂中產一苗秋桂晚结五子曹

过辰 果然應兆長庚梦天賜麟兒下九霄

十二 映雪梅花剩干開香極還当太特来

过申 生辰臘月十四日父母堂前喜盈腮

六度 三陽開太是春天一枝丹桂立堂前

过子 若向子宫何庚相属蛇孤子注前缘

軫

八度　運行申申十年重家门康太百福增

过辰　出入謀為皆称意求利求名俱可成

十度　花開正逢三月中桃紅柳綠遇春風

过申　妻宮甲申是猴相井泉水命百年榮

九度　運入天羅不可当鹿到圍場火燒黃

过辰　二十九岁大限到南柯一夢不回鄉

十四　四刻註定命宮根兄弟七人情不均

过申　双親俱上先去母内是石皮反生嗔

一度　四註生來命宮強一三五岁是灾殃

过辰　君保身上无疾病必須异姓兩層娘

一度
过亥
二度
过卯
三度
过亥
十一
过子

命中孤苦甚可憐五星纏度不可言
父命定作他鄉鬼死于外命在晚年
命中註定甚可傷夗央必主兩分時
妻宮剋去主橫死不然也刑兩三行
此刻生人運不差學盡五經八字家
曾乃足下走生雲只臻庶官並偏職
书画灵符火上升真言咒語誦心中
関公下界外小可保佑人向旧安寧
八刻生人孤另身空有衾枕少人溫
妻宮造就剋五個數番淒涼淚沾襟

心一堂術數古籍珍本叢刊　第一輯書目

堪輿類

章仲山挨星秘訣（全彩色）
臨穴指南
靈城精義箋（全彩色）
堪輿一覽
三元地理真傳（線裝）
姚氏地理辨正圖說
地理辨正補
欽天監風水正論（線裝）
蔣徒傳天玉經補註
三元天心正運（全彩色）
元空紫白陽宅秘旨（全彩色）
羅經舉要（全彩色）
漢鏡齋堪輿小識
陽宅覺元氏新書
地理辨正補註
許氏地理辨正釋義
三元地理正傳（全彩色）
地理辨正天玉經內傳要訣圖解（全彩色）
地理方外別傳
星卦奧義圖訣（全彩色）
地理秘珍
三元挨星秘訣仙傳（全彩色）
欽天監地理醒世切要辨論（全彩色）
地理辨正抉要
地理法門全書
地理辨正抉要
元空法鑑批點本，秘傳玄空三鑑奧義匯鈔合刊
元空法鑑心法
地經圖說
地理辨正自解

謝氏地理書
地理學新義
平洋地理入門、巒頭圖解合刊
平洋地理闡秘（全彩）
華氏天心正運
地學形勢摘要
司馬頭陀地鉗
鑒水極玄經　秘授水法　合刊
地理輯要
地理辨正揭隱　附連成派秘鈔訣要
地學鐵骨秘　附　吳師青藏命理大易數
趙連城秘傳楊公地理真訣
趙連城傳地理秘訣附雪庵和尚字字金
山洋指迷
三元挨星四十八局圖說
張氏地理錦囊
青囊一粟
堪輿秘訣彙釋
風水正原
風水一書
金光斗臨經
論山水元運易理斷驗、三元氣運說附紫白訣等五種合刊
《沈氏玄空吹虀室雜存》《玄空捷訣》合刊
《玄空古義四種通釋》《地理疑義答問》合刊
王元極三元陽宅萃篇
王元極增批地理冰海附　地理冰海（原本）
地理辨正求真
地理小補（全彩色）
辨正發秘初稿（全彩色）
地理辨正翼
天機心竅等地理秘書四種合刊
李文田注撼龍經
家傳地理陰陽二宅秘斷
地理前五十段、後五十段合刊
挨星考注
地理三會集
三元山水秘密真訣（全彩色）
諸家風水選擇秘訣匯鈔

命理類

命理大四字金前定數（全彩色）
韋氏命學講義
命理斷語義理源深
千里命稿
文武星案上下卷
精選命理約言
斗數宣微
斗數觀測錄
地星會源斗數綱要合刊（全彩色）
皇極數（1－4）
星命風水秘傳百日通
鐵板神數（清刻足本）——附秘鈔密碼表
邵夫子先天神數（1－2）
斗數演例（全彩色）
滴天髓闡微——附李雨田命理初學捷徑
算命一讀通——鴻福齊天
命學探驪集
命理用神精華（原本）
澹園命談
命理尋源
新命理探原
滴天髓微義
蠢子數纏度
先天蠢子神數
《斗數秘鈔》《紫微斗數之捷徑》合刊
命譜
徐樂吾滴天髓微義
徐樂吾命理尋原

占筮類

擲地金聲搜精秘訣
卜易拆字秘傳百日通
易占陽宅六十四卦秘斷

相法類

相法易知
相法秘傳百日通
新相人學講義

手相學淺說
神相全編正義
相門精義
大清相法

三式類

壬課總訣（全彩色）
六壬教科六壬鑰
壬學述古
奇門揭要（全彩色）
奇門大宗直旨（全彩色）
奇門三奇干支神應（全彩色）
奇門廬中闡秘（全彩色）
六壬秘笈——韋千里占卜講義
奇門行軍要略
大六壬類闡（全彩色）
大六壬尋源二種
秘鈔大六壬神課金口訣
秘傳六壬課法附金口訣
大六壬指南
甲遁真授秘集
大六壬尋源二種（上）（下）
奇門心法秘纂（全彩色）
奇門仙機（全彩色）
大六壬探源
太乙鑰
太乙統宗捷要
太乙會要

其他類

述卜筮星相學
中國歷代卜人傳